空服人員體態及體能訓練

洪濤 主編

崧燁文化

目錄

第四單元 科學健身篇

第五單元 體能訓練篇

參考書目

前言

　　追求美是人之天性，是人生最高境界，亦是人生最完美的享受。著名國畫大師劉海粟曾說：「人體美乃美中之至美。」

　　隨著時代的發展與進步，人們生活水平的不斷提高，追求形體美日益成為一種時尚，不論是年輕人、中年人還是老年人，男性還是女性，都在關注個人的「形體美」。而對于代表國家、城市形象的民航空乘人員而言，形體美則顯得尤為重要。

　　編者在多年教授空服人員形體及體能訓練課程中，經常被學生問及如下的一些問題：「老師，為什麼我上了形體訓練課，我的體形還是沒有得到很好的改觀？」「我總是沒有時間進行鍛鍊怎麼辦？」「我現在是不是還不夠瘦，應當減肥呀？」……這些問題其實也是很多參加形體訓練者會碰到的問題。因此，如何引導形體訓練者正確地認識形體美，學會科學的形體訓練方法與技巧，並能對自我的形體狀態作出恰當的評價，則成為形體及體能訓練課的重中之重。

　　正是基于如上的考慮，編者在積累 20 年教學經驗的基礎上，收集了大量實訓圖片及文字資料，編寫了這本針對空服人員形體及體能訓練的教材。

　　本教材共包含五個單元，分別是：形體認知篇、形體基礎篇、形體塑造篇、科學健身篇和體能訓練篇，由瀋陽航空工業學院民航學院形體訓練的一線教師洪濤、王娜、亢元、顧驤參與編寫。本教材融知識性、科學性、專業性和實用性為一體，儘量以通俗易懂的形式為讀者提供詳盡的理論認知與技術訓練素材，使之既能滿足民航空服服務人員形體訓練的需要，同時也能成為廣大形體訓練愛好者的良師益友。

　　我們還要感謝為本書表演示範動作的瀋陽航空工業學院民航學院空服專業漂亮的大學生們，是這本書給了我們一個契機，能將她們介紹給廣大的讀者，讓我們記住她們的名字：南曉夏、王茹、安雨、王冉、許玉敏、李晶（大）、李晶（小）。

編者

第一單元 形體認知篇

▍模塊一 形體美概述

學習目標

● 正確理解美的概念

● 懂得對形體美的欣賞

追求形體美是人類永恆的話題，在任何民族中，沒有比形體的美更能讓人富有感官的柔性美。他們塑造的形象令人沉醉。形體美不是一個簡單的抽象物，要想把健康和美麗掌握在自己的手中，就必須瞭解和掌握形體美的相關知識，領會其真諦，從而科學美體。

一、什麼是美

　　每個時代，人們都在以不同的民族文化談論著美、追求著美。「美是什麼？」這個看似簡單的問題，卻成為人類不斷追問的「千古之謎」。古往今來，無數聖賢都從不同的角度言說了美的本質。孔子說「理仁為美」，畢達哥拉斯說「美是數的和諧」，柏拉圖說「美在理念」，黑格爾說「美是理性的感性顯現」，車爾尼雪夫斯基說「美是生活」；現代的桑塔耶那說「美是客觀化的快感」，克羅齊說「美就是表現」等。為回答「美是什麼」這一問題，近代中國學術界也先後形成了四種觀點：主觀派、客觀派、主客觀統一派、客觀社會派。他們從哲學角度、藝術角度、倫理角度，用思維方法、實證方法、語義分析法一直在試圖揭開這個謎底。但由于「美」的多樣性、游移性、

模糊性和差異性，迄今為止，仍不能得出公認的論斷，許多美學家對此發出了無奈的嘆息。

難道美的本質真的不存在了嗎？如果真是這樣的話，為什麼人們總可感到審美中共同和永恆的東西呢？看來，美的本質是存在的，但又是不能言說的，特別是不能給出定義的。正所謂：「道可道，非常道。名可名，非常名。」美的本質是無法以正名的形式來獲取的，它只能在具體的時代文化中，以具體的方式逐漸顯現出來。由此，美成了人類永恆的追求。

從美的產生和發展歷程來看，美是一種價值，一種社會現象，離開人類社會就無美而言。所以，美的本質更多地只能從其社會屬性的角度去言說。馬克思主義認為，生產勞動不僅創造了整個世界，創造了一切物質與精神財富，而且也創造了人，創造了美，創造了藝術。美是勞動實踐的產物，美伴隨著人類勞動實踐而產生並發展。美是人本質的對象化。所謂「人本質力量的對象化」，指人為生存和發展，根據自己的需要，以自由自覺地實踐活動去認識世界和改造世界；人自身的力量不斷外化到對象，又不斷從對象之中反饋回來，最終在對象裡凝結的過程。在整個過程中，對象留下了人的意志印記，它體現了人的思想、情感、願望，又體現了人的意志和智慧。借此，人的本質力量不僅迸發了、顯示了而且被實現、確證了。這種凝結著人的意志與智慧的產品就像一面鏡子，從中我們可以「直觀自身」，並從這些可感的對象中，確證和實現自己，美和美感也由此得到確證和實現。從這個角度講，美是人的本質力量的對象化。

二、什麼是形體美

形體美是人本質力量在體育運動實踐這個特定領域中的感性顯現，它反映的是人與人自身及運動的審美關係。由于形體美是以人為審美對象，以人體運動為主要手段。因此，形體美是人的本質力量在自身的直接展示，是人的本質力量在自身的直接確證和實現。具體而言，形體美就是人的身體曲線美，是指人的軀體線條結合人的情感和品質，並透過形象、姿態展現于欣賞者眼前的一種美。形體美是由視覺器官所感知的空間性的美，其特點是感知身體外輪廓線，線的運動可以構成具有廣度和厚度的空間形體。點動成線，線動成畫，畫動成體。

形體美有人的形體美和物的形體美之分，物的形體美乃純屬外表之美，而人的形體美則是外在與靈魂的契合。形體美是由內向外散發之美，真正的美乃肉體與精神美的結合，而精神之美則又包括了溫柔、情愛、雅量、嫻靜、靜養等因素。因此，形體美不但要展現體形美、姿態美和動作美，還要充分展現精神美。體形美是一種自然的美，比較集中地表現在比例均衡、對稱、和諧等形式上。女性以柔美和秀美的曲線為美，男性以粗獷強壯和威嚴為美，每個人都希望自己的體形勻稱、協調、健美，這也是人們不斷追求的形體美的目標。姿態是指一個人在靜止或活動中所表現出來的身體姿勢和舉止神情。姿態美是指人體在空間運動和變化的樣式，它是風度的語言、優美的姿態與造型，就像一首詩敘說著人的內心與外在世界。動作美是運動中健康能力、器官系統機能、表現能力和精神風貌的體現，是形體美的一種表現形式，它的美不僅來自于各種舞姿和體育運動，還來自于人們日常生活的動作美。

英國著名哲學家培根說：「相貌的美高于色澤的美，而秀雅合適的動作美又高于形貌的美，這是美的精華。」體形美、姿態美、動作美是形體美的核心，體形的完美和正確的身體姿態可以促進人體外形的完美，這在某種程度上反映了有機體機能的完美程度，也反映一個人的精神面貌和氣質。形體訓練是練習者透過對形體的認知，運用科學的健身理念與方法，透過各種身體練習以增進健康、增強體質、塑造體型、培養姿態、陶冶情操，它是一個有目的、有計劃、有組織的教育過程。

▌模塊二 空服人員形體美的職業要求

學習目標

● 懂得空服人員形體美的職業要求

● 明確自身學習的總體目標

安全、快捷、舒適是航空運輸的最大特點。民航空服工作不僅是實現這一特點的一個重要部分，同時也是航空運輸中直接面對乘客的窗口，它直接代表著中國民航和航空公司的形象。在日益激烈的航空市場的競爭中，空服服務質量的優劣，與航空公司的效益密切相關。在「全國乘客話民航」活動中調查顯示，大約有 46.2% 和 28.3% 的乘客認為空中乘務人員的優質服務

有利于樹立企業形象和有利于促進公司的經濟效益。這說明客艙服務質量直接影響著公司的發展和生存。所以，無論從自身工作這個小方面來看，還是從航空公司、民航系統乃至國家形象的大方面來看，空服人員都應具備良好的職業素質才能適應新時期對民航業的需求。

一、空服人員應當具備的素質

（一）形像素質

空服人員應當具備良好的形像素質，做好航空公司的代言人。人們將一個人與另一個人的第一次見面時留下的印象叫「首因效應」，又稱「第一印象」。空服人員的形像素質帶給國內外旅客乘坐民航飛機的第一印象，在某種程度上體現了一個國家，一個民族的整體風貌，同時也代表了公司的形象。

（二）身體素質

空服人員的職業需要，使得他們長時間地經受飛機上的顛簸之苦，因此，空服人員應當具備良好的身體素質，才能在工作中更好地為廣大乘客服務。

（三）技能素質

空服服務人員應當具有良好的民航空服服務技能與技巧，注重體現服務的質量性、規範性、針對性和安全性的特點，更好地為乘客提供優質的服務。

（四）自身修養

空服人員的良好風度表現的第一印象，首先應注意儀表的整潔、端莊，其次應當講禮貌、舉止穩重、行為文雅，最後應談吐風趣、有分寸。

一個人的形態、舉止行為十分重要，不管自己是否意識到，人都是在用自己的整個身體表現自己。美國心理學家伯特·梅拉比安曾經提出一個公式，訊息的全部表達：7% 語言＋ 38% 聲音＋ 35% 表情與動作舉止。可以說，人的交往中，55% 的訊息都是靠體態語言傳遞的。因此，空服人員的形體與姿態的訓練可以打造良好的形像素質，同時更是空服人員職業的需要。

二、空服人員面試的標準

　　綜合國內外各大航空公司空中乘務面試的衛生及體格的標準，我們提出以下空服人員的面試標準。

　　中國民航總局頒布的空服人員面試標準

　　美學標準

　　五官端正；膚色好，著夏裝時暴露部位無明顯疤痕和色素異常；形體勻稱；下肢長超過上身長 2cm 以上；不是「O」形或「X」形腿；男生身高為 1.75m ～ 1.82m；女生身高為 1.64m ～ 1.72m；較好的語言表達能力；清晰的口齒和圓潤的嗓音，聲音不干、不澀、不啞、不弱等。

　　航空醫學標準：

　　每眼視力不低于 0.5（C 字表）；無色盲、弱視、斜視；無精神病史；不暈車暈船；無口臭、腋臭；無明顯的內、外八字步；無肝炎、結核、痢疾、傷寒等傳染病。

▌模塊三 形體美的評價標準

學習目標

● 瞭解形體美的標準

● 學會形體自測的方法

一、形體美的標準

● 骨骼發育正常，關節不顯得粗大突出

● 肌肉平均發達，皮下脂肪適當

● 五官端正，與頭部配合協調

● 雙肩對稱，男寬女圓

● 脊柱正視垂直，側看曲度正常

● 胸廓隆起、正面與側面看略成「V」形，女子乳房豐滿而不下垂，側看有明顯曲線

● 腰細而結實，微成圓柱形，腹部扁平，男子有腹肌壘塊隱現

● 臀部圓滿適度

● 腿長，大腿線條柔和，小腿腓部較突出

● 足弓高

見圖 1-3-1。

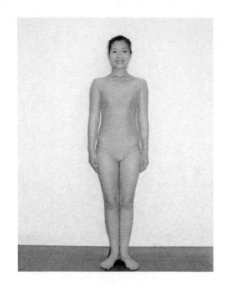

圖 1-3-1

二、形體美的評價

　　人體美的標準比例主要是五官的比例和諧勻稱，身體各部位器官比例和諧以及胖與瘦、高與矮的比例和諧。義大利畫家達·芬奇說過：「美感完全建立在各部分之間神聖的比例上。」因此女性的形體美的重要標誌就是身體各部分的對稱和恰當的比例。

　　（一）頸

　　形狀：修長、線條清晰。

　　比例：頸長應當是臉長的一半，纖細、長度與肩、上臂比例適中。見圖1-3-2。

圖 1-3-2

（二）肩

形狀：平、正、對稱、不溜肩，可看到鎖骨。女子圓潤的肩膊，可以突出其秀美的曲線。

比例：肩上寬于髖，腰圍小于髖部。見圖 1-3-3。

圖 1-3-3

（三）臂

1. 前臂

形狀：平滑、圓潤、內外有弧線。

比例：與大臂相比為中等大小。

2. 上臂

形狀：平滑、收緊時能看到肱二頭肌。

比例：與全身比例相比大小適中（與上身比較）。見圖 1-3-3。

（四）胸

1. 胸上

形狀：胸至鎖骨可以看到比較明顯的鎖骨線，位置較高。

比例：看到突起叫豐滿，輪廓向外。

2. 胸下

形狀：豐滿、堅挺富有彈性，可以看到明顯的外圓弧形。

圖 1-3-4

比例：用 B 號胸罩，適中，曲線優美，表現女性特有魅力。見圖 1-3-4。

（五）背

形狀：平且兩邊呈 V 字形至腰。

比例：與腰臀相比中等大小。見圖 1-3-5。

圖 1-3-5

（六）腰

1. 前

形狀：脂肪少而平坦、無下垂。

比例：腰線在肩部與大腿根部連線的中點，腰線適中，下腹無凸出感。

2. 側

形狀：腰側與下垂的臀有明顯的平穩過渡，曲線呈 V 字形。

3. 後

形狀：平、窄。見圖 1-3-5。

（七）臀

1. 臀下

形狀：臀位高，臀部圓翹，球形上收，從臀下到大腿內側圓滑。

比例：與腰、大腿相比比例適中，大腿後無脂肪堆積，寬度于肩齊或略比肩寬。

2. 臀上

形狀：臀峰高且圓滑，腰向臀或大腿過渡平而明顯。

比例：無下垂、脂肪少、大小比例適中。見圖 1-3-6。

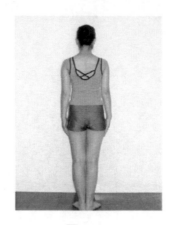

圖 1-3-6

（八）大腿

形狀：修長而線條柔和。

比例：軀幹短腿長，重心高。腿的長度大于或等于肩部到腳底長度的 1/2。

1. 前

形狀：表面平滑、有弧形、明顯圓滑，向膝過渡有平滑感。

2. 內側

形狀：圓滑平潤，雙腿併攏時有接觸點，兩腿分開時中間、上面有弧線。

3. 外側

形狀：平滑、圓潤、無明顯肌肉。

4. 後側

形狀：有圓滑弧線、臀折線淺，從臀到小腿有明顯過渡，可看到肱三頭肌但不明顯，無明顯的脂肪堆積。見圖 1-3-7。

（九）小腿

形狀：小腿腓腸肌在小腿上 1/3 處，肌肉線條細、平、體積小。見圖 1-3-8。

（十）膝

形狀：平滑，膝蓋周圍無多餘脂肪，大腿伸直後，膝蓋無向上凸出感。

比例：膝與大腿、小腿過渡平滑，無外側凸出感。見圖 1-3-9。

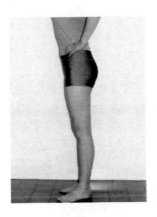

圖 1-3-1

圖 1-3-8

圖 1-3-9

（十一）踝、足

形狀：踝細、足弓高。

比例：呈漏斗狀，形態美觀。見圖 1-3-8。

三、完美的身材比例

●位置比例

胸圍位置在肩與腰部之間，三圍之間的位置比例約為 1.1 ： 1.2。見圖 1-3-10。

●厚度比例

以腰圍為 1，臀圍＝ 1.3，胸圍＝ 1.3，牆面到背部距離＝ 1/3，最凸出的部位為胸。見圖 1-3-11。

●寬度比例

以腰寬為 1，肩寬＝ 1.5，乳頭間隔＝ 0.8，胸寬＝ 1.3，臀寬＝ 1.4；胸、腰、臀三寬的比例為：1.3 ： 1.0 ： 1.4。見圖 1-3-12。

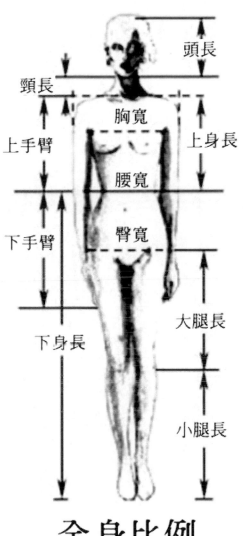

頭長

頸長

胸寬

上手臂

上身長

腰寬

下手臂

臀寬

大腿長

下身長

小腿長

全身比例

圖 1-3-10

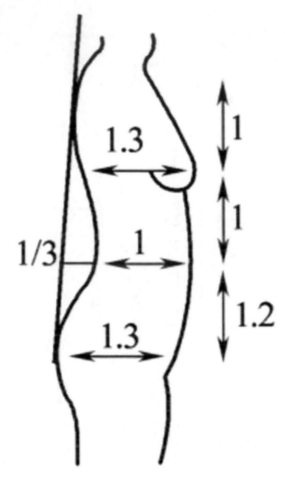

厚度比例

圖 1-3-11

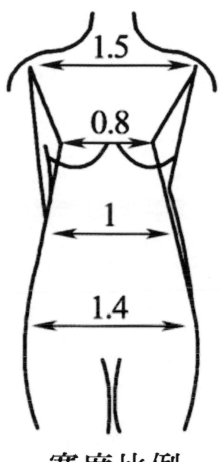

寬度比例

圖 1-3-12

四、形體測量方法

（一）儀器測量法

1. 目的

瞭解身體長度、圍度、厚度情況，找出形體差距，確定訓練內容和「揚長避短」的著裝方法。

2. 要求

●專門、固定的測試地點,光線充足,溫度不低于 20℃。

●落地大鏡子,測量儀器。

●測量時應著輕便貼身短裝練功服;在堅持練習後每月或每隔兩個月測試一次。

●下列情況不宜測試:生病或自我感覺不好;生病後的恢復期;訓練後尤其是大運動量後不能測量;月經期不能測量。

●測量時身體與地面保持垂直。

3. 測量儀器

●身高體重測量儀

●軟皮尺

●脂肪鉗

●肩部卡尺

4. 測量內容

●基本指標

體重:測量時,身體直立,保持平衡,脫鞋。

身高:兩腳併攏,後背挺直。

上肢長:肩外側到手指尖。

肩寬:測量兩肩之間的最遠距離,用皮尺從左到右。標準者兩肩的長度為頭寬的 2.5 倍。

腰長:測量最後一根肋骨與髖骨之間的長度。

腿長:從後看臀折線到地面的長度(臀折線是臀部與大腿後側相交線)。

腕圍:測量腕骨最細的部位。

踝圍:踝關節最細的部位。

臂圍:上臂部最粗的部位。

胸圍：肩胛骨下沿 2cm ～ 3cm 位置，前面緊貼乳頭，皮尺水平繞一週。

胸下圍：肩胛骨下沿 3cm ～ 4cm 位置，前面緊貼乳房下弧形線，皮尺水平繞一週。

腰圍：兩腳併攏，上身挺直，測量腰最細的部位，皮尺水平繞一週。

臀圍：兩腳併攏，上身挺直，測量臀部最凸出的部位，皮尺水平繞一週。

大腿圍：兩腿分開與肩同寬，測量大腿最粗處的部位。

小腿圍：測量小腿最粗的部位。

上臂皮脂厚度：上臂最粗位置的前部的脂肪厚度。

上腹皮脂厚度：從腰線向右 4cm ～ 5cm 處捏起。

下腹皮脂厚度：肚臍下 2cm ～ 3cm，腹線中部左右 4cm ～ 5cm 處捏起。

後背皮脂厚度：肩胛骨下靠近斜方肌的位置中點 3cm ～ 4cm 處捏起。

大腿外側皮脂厚度：量圍度時與外側中心相交。

（二）目測法

在沒有儀器設備進行精確測量時，你可以用以下方法進行目測，以判斷自身的體形狀況。

測量內容

●頸形

短：小于臉長的一半。

長：大于臉長的一半。

適中：等于臉長的一半。見圖 1-3-13。

圖 1-3-13

●肩形

平肩：從水平線平視左右兩肩點，剛好成一水平線者，即為平肩，此肩型又分為寬肩和窄肩兩種。

寬肩：兩肩比臀寬。

窄肩：兩肩比臀窄。

聳肩：從水平線平視左右兩肩點，如果稍高且向前傾，肩骨大致明顯且凸出者，即為聳肩，此肩形的人大都為骨感強而且瘦弱。

垂肩（溜肩）：從水平線平視左右兩肩點，明顯下垂者，即為垂肩。見圖 1-3-14。

圖 1-3-14

●上身的長短

　　西方畫家將人體分為 7.1 個頭身長，認為標準比例上身（腰以上）2.7 個頭身，下身（腰以下）4.4 個頭身。如果上身短于 2.7 個頭身為上身短，如果超過 2.7 個頭身為上身長。

●臀形

　　大：標準的臀部寬度大約是頭寬的兩倍多，若超過此寬度，且寬度寬于肩。

圖 1-3-15

小：髖部窄于肩。

平坦：臀部無峰形，內並有點下垂，多數人則因為腰部細小，便容易使臀部顯得平坦。見圖 1-3-15。

五、形體比例計算法

古希臘美學家、思想家德莫克利特說：「美的本質在于井井有條、勻稱，各部分之間和諧、正確的數字比例。」西方畫家也認為：「人頭與軀體的比例為 1：7 最美。」（見表 1-3-1）頭身為身高比例標準，其計算方式為：身高 ÷ 頭長＝頭身。例如：身高為 160cm，臉長為 20cm，頭身為 160÷20 ＝ 8 （即 8 個頭身）。

表 1-3-1 完美比例的圍度計算方法

	完美比例指數	你的理想值	你的實際值
身高	8個頭身		
體重(公斤)	身高 － 112		
胸圍	身高 ×0.515		
胸下圍	身高 ×0.432		
腰圍	身高 ×0.370		
腹圍	身高 ×0.457		
臀圍	身高 ×0.542		
大腿圍	身高 ×0.305		
(注 ：計算單位為cm)			

身高主要反映骨骼的生長發育情況；體重反映骨骼、肌肉、脂肪等綜合變化的狀況；胸圍則反映胸廓的大小及胸部肌肉的發育狀況。因此，身高、體重、胸圍被列為人體形體變化的三項基本指標。見表 1-3-2。

表 1-3-2 女子形體標準尺度參考表

身高/m	胸圍/cm	腰圍/cm	臀圍/cm	大腿/cm	上臂/cm
1.52	76	58	86	43	23
1.55	80	60	88	44	23
1.57	81	61	89	46	23
1.60	83	62	90	47	23.5
1.62	85	63.5	91	48	24
1.65	86	64	93	49	25
1.70	89	67	95	50.7	25
1.72	90	69	97	50.8	25
1.75	91	70	98	51.4	26
1.80	93	71	99	51.4	26

身高和體重的對應關係，不但反映一個人的形體美的程度，同時也反映一個人的健康程度。

日本學者根據東方人的體形特點提出了一個理想體重標準供我們參考。見表 1-3-3。

表 1-3-3 女子身高和體重的對應關係

身高(cm)	正常體重(kg)	理想體重(kg)
150	50.0	45.0
155	52.6	47.3
160	55.3	49.7
165	58.9	53.0
170	62.9	56.9
175	66.5	59.2
180	70.1	63.0

為了促進學生體質健康發展，激勵學生積極進行身體鍛鍊，教育部、國家體育總局于 2002 年 7 月 4 日頒發了《國家學生體質健康標準（試行方案）》，對大學生身高標準體重等級評分做了一個統一的規定。見表 1-3-4 和表 1-3-5。

表 1-3-4 大學男生身高標準體重　體重單位：公斤

身高段 (公分)	營養不良 7分	較輕體重 9分	正常體重 15分	超　重 9分	肥　胖 7分
172～172.9	<51.4	51.4～61.5	61.6～69.5	69.6～72.1	≥72.2
173～173.9	<52.1	52.1～62.2	62.3～70.3	70.4～73.0	≥73.1
174～174.9	<52.9	52.9～63.0	63.1～71.3	71.4～74.0	≥74.1
175～175.9	<53.7	53.7～63.8	63.9～72.2	72.3～75.0	≥75.1
176～176.9	<54.4	54.4～64.5	64.6～73.1	73.2～75.9	≥76.0
177～177.9	<55.2	55.2～65.2	65.3～73.9	74.0～76.8	≥76.9
178～178.9	<55.7	55.7～66.0	66.1～74.9	75.0～77.8	≥77.9
179～179.9	<56.4	56.4～66.7	66.8～75.7	75.8～78.7	≥78.8
180～180.9	<57.1	57.1～67.4	67.5～76.4	76.5～79.4	≥79.5
181～181.9	<57.7	57.7～68.1	68.2～77.4	77.5～80.6	≥80.7
182～182.9	<58.5	58.5～68.9	69.0～78.5	78.6～81.7	≥81.8
183～183.9	<59.2	59.2～69.6	69.7～79.4	79.5～82.6	≥82.7
184～184.9	<60.0	60.0～70.4	70.5～80.3	80.4～83.6	≥83.7
185～185.9	<60.8	60.8～71.2	71.3～81.3	81.4～84.6	≥84.7

表 1-3-5 大學女生身高標準體重　體重單位：公斤

身高段 (公分)	營養不良 7分	較輕體重 9分	正常體重 15分	超　重 9分	肥　胖 7分
163～163.9	<46.4	46.4～53.6	53.7～63.9	64.0～67.3	≥67.4
164～164.9	<46.8	46.8～54.2	54.3～64.5	64.6～67.9	≥68.0
165～165.9	<47.4	47.4～54.8	54.9～65.0	65.1～68.3	≥68.4
166～166.9	<48.0	48.0～55.4	55.5～65.5	65.6～68.9	≥69.0
167～167.9	<48.5	48.5～56.0	56.1～66.2	66.3～69.5	≥69.6
168～168.9	<49.0	49.0～56.4	56.5～66.7	66.8～70.1	≥70.2
169～169.9	<49.4	49.4～56.8	56.9～67.3	67.4～70.7	≥70.8
170～170.9	<49.9	49.9～57.3	57.4～67.9	68.0～71.4	≥71.5
171～171.9	<50.2	50.2～57.8	57.9～68.5	68.6～72.1	≥72.2
172～172.9	<50.7	50.7～58.4	58.8～69.1	69.2～72.7	≥72.8
173～173.9	<51.0	51.0～58.8	58.9～69.6	69.7～73.1	≥73.2

　　註：《國家學生體質健康標準（試行方案）》共有五個測試指標，它們包括：1.身高標準體重，占15分；2.肺活量體重指數為必測項，占15分；3.臺

階試驗、1000 米跑（男）、800 米跑（女）任選一項，占 20 分；4.50 米跑、立定跳遠任選一項占 30 分；5. 坐位體前屈、仰臥起坐（女）、握力體重指數任選一項，占 20 分。

▌模塊四 形體訓練的特點與訓練原則

學習目標

●瞭解形體訓練的特點

●懂得形體訓練的原則

一、形體訓練的特點

（一）高度藝術性

形體訓練以其獨特的魅力有別于競技體操、藝術體操、健美操和舞蹈等的學習範疇，它將多種有效的健身訓練方式藝術化，使人們在訓練中得到人體運動的協調與流暢，舒緩與優美，體現身體姿態的造型美。這些訓練內容使練習者不僅鍛鍊了身體、增強了體質，而且從中得到了「美」的享受，提高了藝術修養。因此，形體訓練具有高度的藝術性。

（二）健康娛樂性

形體訓練讓人們在愉悅、輕鬆的氣氛和音樂的伴奏中健身強體、調節精神、塑造形體、豐富業餘生活。所以形體訓練是結合了舞蹈、藝術體操、健身操、瑜伽、彼拉提斯等內容的健身項目。這種有針對性、多種有效項目組合的健身方式，對傳統、單一、程式化的體育鍛鍊方式是一種巨大的挑戰。

（三）廣泛適用性

形體訓練形式的多樣性，為練習者提供了不同的練習內容與科學的健身方法。不同人群可以根據自己的年齡、鍛鍊基礎、鍛鍊目的，選擇適合自己的練習內容。每一個練習者在形體訓練中都可找到適合自己的鍛鍊方式，從中得到樂趣。

（四）鍛鍊時效性

形體訓練屬于有氧運動,練習強度適中。長期堅持練習能有效提高人體心血管系統、呼吸系統以及運動系統的功能,達到增強生理健康的目的。練習者在優美音樂伴奏下,輕鬆、安全、有效地鍛鍊,有利于消除疲勞,提高心理健康。系統的形體訓練不僅消除體內多餘脂肪塑造形體,還能重塑健美體形。

二、形體訓練的原則

　　眾所周知,人只有在健康的基礎上才會有美的體形,健康可以透過各種體育鍛鍊來獲得,但優美的體形則需進行專門的訓練。

　　形體訓練,既不同于打球、跑步、游泳等運動,也與技巧運動、舞蹈、競技體操等項目有所區別。它一方面能全面鍛鍊身體,另一方面又可以有重點地雕塑人體形態,培養良好的姿態。使練習者在掌握形體鍛鍊的基礎知識、基本技能和基本技術的同時,提高形體的美感,培養良好的氣質,陶冶美的情操,提高審美品位。因此在進行形體訓練中,應遵循以下原則:

　　(一) 全面鍛鍊身體的原則

　　形體訓練的目的在于使全身肌肉富有彈性、發展勻稱、身體豐滿,內臟器官機能旺盛。在選擇形體訓練的內容時,應堅持身體的全面鍛鍊,再注重加強身體不足部位的練習,才能達到形體訓練的目的。因此,合理選擇和搭配鍛鍊的內容,運用適當的鍛鍊方法,才能保證做到揚長避短、內外結合、身心一致。

　　(二) 循序漸進的原則

　　參加形體訓練要有恰當的生理和心理負荷量。訓練的效果如何,很大程度上取決于運動的刺激強度,太弱的刺激不能引起機體功能的變化;過強的刺激不僅不能增強體質,改善體形,相反還會損害健康。因為身體由弱變強,由醜變美,急于求成是辦不到的。因此在內容的選擇上,要注意由少到多,動作節奏由慢到快,負荷由小到大,並根據實際情況,循序漸進,只有遵循人體發展和適應環境的基本規律,逐漸提高,才能有效地塑造完美的體形。

　　(三) 培養良好形態的原則

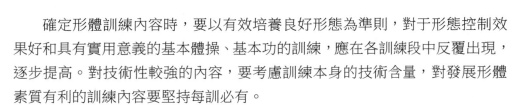

確定形體訓練內容時，要以有效培養良好形態為準則，對于形態控制效果好和具有實用意義的基本體操、基本功的訓練，應在各訓練段中反覆出現，逐步提高。對技術性較強的內容，要考慮訓練本身的技術含量，對發展形體素質有利的訓練內容要堅持每訓必有。

（四）科學的針對性原則

形體訓練的內容在層次上應與練習者的年齡、心理和生理發展的規律、形態控制能力的現狀以及職業的要求相適應。這樣才能確保形體訓練的系統性，逐步提高形體素質和技能要求，同時也要根據練習者學習的進展情況逐漸增加新內容，從而促進練習者練習的積極性。

（五）內容的多樣性原則

形體身體素質的提高練習是艱苦的，練習者在訓練初期感覺到的是辛苦，而後是疲勞。健身目的明確，美體觀念強的人，會在形體訓練中苦中作樂，但自控能力差的人就很難堅持下去。只有堅持採用多種內容和方法進行形體訓練，才能充分調動和激發練習者的興趣，培養其積極主動的參與心理，克服由于訓練內容的單調、枯燥和動作難度等困難。

（六）理論與實踐相結合原則

形體訓練是以培養良好形態的身體練習為主要方法，同時也必須重視形體訓練基礎知識的學習。練習者只有在初步掌握怎樣確立良好形態的原理和方法，才能運用人體相關知識指導自己提高保持良好身體形態的能力。

第二單元 形體基礎篇

▌模塊一 手臂、肩部力量與柔韌性練習

學習目標

●瞭解自身手臂、肩部力量與柔韌性情況

●學會自我練習的方法

透過對手臂、肩部的柔韌性練習促使上肢骨骼、肌肉韌帶和肩帶的正常發育，增強力量和靈活性，培養正確姿勢，進一步提高肩部控制能力，使站立形態更加優美。

一、手臂、肩部的力量練習方法

練習一：雙臂前平舉，雙手握啞鈴拳心向上，做屈伸練習，上身保持直立，雙臂儘量屈伸到最大限度，每組連續做 20 次，反覆練習 3 組。如圖 2-1-1。

圖 2-1-1

練習二：雙臂側平舉，雙手握啞鈴拳心向前，做屈伸練習，上身保持直立，肩和雙臂儘量保持水平，連續做 20 次，反覆練習 3 組。如圖 2-1-2。

圖 2-1-2

　　練習三：雙臂上舉，雙手握啞鈴拳心相對，做向後屈伸練習，手臂和身體保持一條直線，收腹立腰，每組連續做 20 次，反覆練習 3 組。如圖 2-1-3。

圖 2-1-3

　　練習四：雙膝跪在地面上，雙臂與地面垂直，指尖向前，背部平直，收腹，肘關節彎曲成直角，臀部和身體儘量保持水平面，雙肩膀不要超過手指尖，胸部儘量貼于地面，每組連續做 15 次，反覆練習 2 組。如圖 2-1-4。

　　練習五：雙手掌向前撐于地面，雙膝離地，雙腿與肩同寬，雙臂與地面垂直，收緊腰腹，背部和臀部儘量保持水平面，雙肩膀不要超過手指尖，停留 120 秒為一組，反覆練習 3 組。如圖 2-1-5。

　　練習六：雙臂曲肘胸前上屈，雙手握啞鈴拳心相對，含展胸的同時，做內收和外展，每組連續做 20 次，反覆練習 3 組。如圖 2-1-6。

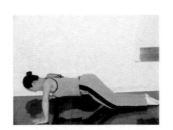

圖 2-1-4

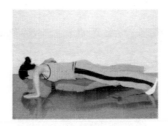

圖 2-1-5

圖 2-1-6

二、手臂、肩部柔韌性練習方法

練習一：練習者趴于地面，雙臂彎曲，扶于肘關節，同伴兩腳分開站于練習者後部，兩手抓于肘關節向上微微拉起，同時用膝關節頂于其肩胛骨中間，雙手與膝反方向用力，停留 5 秒～ 10 秒。如圖 2-1-7。

圖 2-1-7

練習二：練習者雙手扶于把桿與肩同寬，身體前傾低頭，同伴雙手壓于肩胛骨中間，用力下壓，練習者儘量不曲肘。如圖 2-1-8。

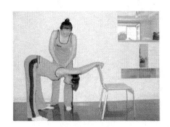

圖 2-1-8

練習三：練習者雙腿併攏坐于地面，膝蓋伸直，雙手向上舉，同伴雙手抓住對方肘關節處，膝蓋頂住對方肩胛骨中間，向反方向用力。如圖 2-1-9。

圖 2-1-9

圖 2-1-10

練習四：練習者趴于地面，同伴雙手握住對方雙手向上微微拉起，腳踩住對方肩胛骨中間，手與腳相反用力。如圖 2-1-10。

▋模塊二 胸腹部力量與柔韌性練習

學習目標

● 瞭解自身胸部力量與柔韌性情況

● 學會自我練習的方法

胸腹部力量與柔韌性練習是形體訓練的重要內容之一。胸腹部力量的強弱及柔韌性的好壞，決定一個人形體控制能力的好壞和體形的優美程度。

胸腹部力量與柔韌性練習方法

練習一：仰臥，屈膝，兩腳同肩寬，雙手扶頭後，腹肌收縮，上體抬起，腰部始終與地面接觸。每組連續做 20 次，反覆練習 2 組。如圖 2-2-1。

圖 2-2-1

練習二：屈膝側臥，兩手扶頭後，腹側肌收縮，上體儘量高抬。每組連續做 20 次，反覆練習 2 組。如圖 2-2-2。

練習三：開立，雙手側平舉，身體向左下側腰，同時左臂前伸，右臂上舉。停留 20 秒再還原為一組動作，反覆練習 3 組，做反方向。如圖 2-2-3。

練習四：仰臥，雙腿屈膝，大腿與小腿貼緊，雙手抱住腳踝，雙腿向前伸展，不落地控制在 45 度，雙肩向頭上方伸展，每組連續做 15 次，反方向練習 3 組。如圖 2-2-4。

圖 2-2-2

圖 2-2-3

圖 2-2-4

　　練習五：仰臥，雙腿併攏，雙臂放于身體兩側，雙腿伸直抬起，伸向上方90度，然後慢慢往下落，背部壓緊地面，儘量拉長手臂。每組連續做20次，反覆練習3組。如圖2-2-5。

　　練習六：仰臥，雙腿併攏上舉，同時頭肩部離開地面抬起，雙臂向上方伸展。雙臂和上體向上抬造成最大限度，手指尖伸向雙腳的方向，雙腿保持不動。每組連續做15次，反覆練習2組。如圖2-2-6。

圖 2-2-5

圖 2-2-6

圖 2-2-7

　　練習七：開立，雙臂側平舉，上體前傾，平行于地面，向上充分展背，停留20秒後還原為一組動作，反覆練習5組。如圖2-2-7。

練習八：仰臥，雙腿併攏，雙臂頭上舉，右腿和左臂向上抬起，左手指尖伸向右腳尖方向，還原後做反腿，連續做 20 次為一組，反覆練習 2 組。如圖 2-2-8。

圖 2-2-8

圖 2-2-9

圖 2-2-10

練習九：仰臥，雙腿併攏屈膝，腳尖點地，雙臂上舉，上體抬起時，雙腿向斜側方伸直，雙手前伸。連續做 15 次為一組動作，反覆練習 3 組。如圖 2-2-9。

練習十：仰臥，雙腿抬至上舉彎曲，雙腳腳踝交叉，雙手抱頭，肘部向外彎曲，上體慢慢抬起，儘量控制雙腿姿勢，連續做 20 次為一組動作，反覆練習 2 組。如圖 2-2-10。

模塊三 腰背部力量與柔韌性練習

學習目標

●瞭解自身腰背部力量與柔韌情況

●學會自我練習的方法

　　腰背部力量的大小和柔韌性的強弱，直接影響站立姿勢。良好的腰背部力量和柔韌性，體現出來的是肌肉結實而具有彈性、身姿優美、曲線動人。

一、腰背部力量訓練方法

　　練習一：練習者俯臥在地毯上，雙手臂向後伸出，幫助者立于練習者膝關節兩側，雙手與練習者相互拉緊，幫助者用力拉起練習者，使其上體離開地面成最大反背弓。練習者在做動作的過程中，挺胸抬頭，用立向後彎腰，同時儘量使髖部不離開地面。控制四個八拍，反覆練習 10 次。如圖 2-3-1。

圖 2-3-1

　　練習二：練習者俯臥在地毯上，雙手前伸，雙腳併攏繃腳尖，幫助者面對練習者跪坐地上，雙手壓住雙腳，練習者上體後屈，在最高點控制 15 秒，反覆練習 10 次，練習者在動作練習過程中，保持抬頭，挺胸，上體呈用力後屈狀，而幫助者要用力按住練習者雙腳幫助完成動作。如圖 2-3-2。

圖 2-3-2

　　練習三：兩人背靠背分腿站立，兩人手挽手，一人用力挽住另一個人的手臂，背起另一個人，使其後倒呈反弓狀，自己儘量含胸圓背，兩腿直立，控制兩個八拍後換人。被背起來的人要放鬆髖關節和腿部，使背部、胸部和腰部肌肉充分伸展，而背的人卻一定要分腿直立，同時圓背，反覆練習多次。如圖 2-3-3。

圖 2-3-3

　　練習四：練習者右手臂伸直，手心向下，身體側臥成一直線，左手臂向斜上方伸直，幫助者面對練習者站立，兩腳在練習者膝關節兩側，雙手拉住練習者右手臂，幫助者用力拉練習者右臂，使其身體成側曲形態，練習者左手臂側平舉控制 20 秒，反覆做 15 次。練習者在整個動作過程中始終保持抬頭、挺胸、立背的形態，特別是不能屈髖，上體用力側曲時，同伴兩腳夾住練習者的雙膝，練習中身體直立稍後傾，同伴幫助其完成動作。如圖 2-3-4。

　　練習五：右腿跪立，左腳尖後點地，雙手向前撐于地面，身體保持水平，右腿向上抬起，展肩挺胸抬頭，停留 30 秒為一組動作，反覆練習 3 組。做反方向腿。如圖 2-3-5。

圖 2-3-4

圖 2-3-5

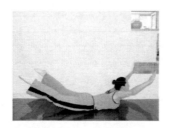

圖 2-3-6

　　練習六：俯臥于地面，雙臂前伸，手心朝下，雙腿和上體同時向上翹起，夾緊臀大肌，伸直腿部。連續做 20 次為一組動作，反覆練習 3 組。如圖 2-3-6。

　　練習七：俯臥于地面，雙臂前伸，手心朝下，右臂和左腿向上抬起，挺胸抬頭，伸直腿部，還原，換反方向腿連續做 20 次為一組動作，反覆練習 3 組。如圖 2-3-7。

圖 2-3-7

圖 2-3-8

　　練習八：仰臥，雙腿屈膝分腿，雙腳同肩寬，兩臂放于體側，臀部向上抬起。臀大肌用力收緊，停留 3 秒還原，連續做 15 次為一組動作，反覆練習 3 組。如圖 2-3-8。

二、腰背部柔韌性訓練方法

　　練習一：雙手扶于凳子與肩同寬，向後連續甩腰 10 次，然後下腰停留 10 秒，雙膝微屈。如圖 2-3-9。

　　練習二：練習者跪于地面，同伴面對面站立，扶住練習者腰部，練習者向後甩腰，胸部向後下方捲曲，手臂夾耳兩側向頭部方向儘量伸直。如圖 2-3-10。

　　練習三：練習者拱橋，兩手著地或兩臂彎曲交叉，肘關節著地，同伴扶于對方腰部，輕輕向前施力。如圖 2-3-11。

圖 2-3-9

圖 2-3-10

圖 2-3-11

　　練習四：側躺在地上，雙手胸前交叉抱上體，雙腳並腿屈膝，雙手貼面上舉，雙腿伸膝，伸成弓形，反覆練習 10 次。練習者的頭部和脊椎骨保持在一條直線上，蜷曲時要收緊雙膝。如圖 2-3-12 和圖 2-3-13。

圖 2-3-12

圖 2-3-13

　　練習五：雙膝跪地，雙手撐地，保持背部平直，收腹；將背部向上弓起並收腹，同時讓骨盆向前傾，保持弓背姿勢兩個八拍；背部向下沉，胸部貼近地面；略微抬頭並讓臀部向前移動，使頭部和脊椎骨保持在一條直線上，同時注意呼吸的協調配合。反覆練習多次。如圖 2-3-14 和圖 2-3-15。

　　練習六：練習者雙腿跪立，身體向後下腰，雙手扶于腳踝，下腰時頭儘量向後抬。如圖 2-3-16。

圖 2-3-14

圖 2-3-15

圖 2-3-16

模塊四 髖部柔韌性練習

學習目標

●瞭解自身髖部柔韌性情況

●學會自我練習的方法

髖部柔韌性的練習是形體美的基本練習之一，是增強整體柔韌性和全身協調性的重要環節。透過對髖部柔韌性的練習也可以雕塑臀部曲線。

髖部柔韌性練習方法

練習一：坐在地板上雙腿屈膝分開，雙手撐于膝關節處，雙手用力下壓膝關節，保持立腰，立背，挺胸，用力下壓。如圖 2-4-1。

練習二：雙腿屈膝，腳心相對，俯撐于地面，把膝關節壓至最大限度，腳心相貼緊；臀部下沉，做控制時，大腿儘可能打開至最大限度。如圖 2-4-2。

練習三：分腿坐在地上並保持背部平直挺胸，同時向內收腹，雙手扶大腿內側；腰始終保持筆直狀態；從臀部開始向前屈身，雙手平放身前地上，頭和脊椎骨保持在一條直線上，膝蓋和腳趾始終保持向上。如圖 2-4-3。

圖 2-4-1

圖 2-4-2

圖 2-4-3

▍模塊五 腿部、腳部力量與柔韌性練習

學習目標

● 瞭解自身腿部、腳部力量與柔韌性情況

● 學會自我練習的方法

　　腿部練習是基本訓練的主要部分，重點是加強髖關節、膝關節、踝關節的堅固性和靈活性，以提高站立姿態的腿部支撐能力和體形的優美程度。腳面柔韌性練習是形體訓練不可忽視的一個環節，它對以後的各部位練習以及組合練習都有重要的作用，是體現形體美、姿態美的一個重要標誌。

一、腿部力量練習方法

　　練習一：兩腿開立，雙手放于身體兩側，雙腿屈膝下蹲時收腹立腰，臀部往後下坐，兩臂前平舉握拳，兩腿伸直還原，兩臂下垂，連續做 20 次為一組，反覆練習 2 組。如圖 2-5-1。

圖 2-5-1

　　練習二：兩腿前後分力，雙手放于身體兩側，雙腿屈膝下蹲，兩臂前平舉握拳，兩腿伸直還原，兩臂下垂，連續做 20 次為一組，反覆練習 2 組。如圖 2-5-2。

圖 2-5-2

練習三：左腿前弓步，雙手叉腰，右腿做提踵練習，身體保持直立，腳跟儘量高抬，每組連續做 20 次，反覆練習 3 組，做反方向。如圖 2-5-3。

練習四：自然站立，雙手叉腰，原地連續團身跳，上體保持直立，雙膝儘量靠攏胸部，連續做 15 次為一組，反覆練習 2 組。如圖 2-5-4。

練習五：自然站立，雙手叉腰，身體保持直立，左右高抬腿跳，大腿和膝蓋保持水平面，連續做 30 次為一組，反覆練習 3 組。如圖 2-5-5。

圖 2-5-3

圖 2-5-4

圖 2-5-5

二、腿部柔韌性訓練方法

練習一：前韌帶

練習者雙腿併攏坐于地面，上體拉直貼于雙腿，稍抬頭，同伴將雙膝頂丁對方後背部，雙手按于對方腰部，向前卜方施力。如圖 2-5-6。

圖 2-5-6

練習二：側韌帶

練習者雙腿自然分開，上身貼于地面儘量向前趴，同伴雙膝頂住對方腰部，雙手按對方背部，向前下方施力震顫。練習者膝蓋和腳背保持向上姿勢。如圖 2-5-7。

圖 2-5-7

練習三：側韌帶

練習者雙腿分開坐立，右臂向左側伸展，身體向左側下壓。左肩儘量貼近于大腿。上身儘量保持直立，連續做 10 次，然後做反方向。如圖 2-5-8。

練習四：後韌帶

練習者右腿跪立于地面，左腿後伸直。左手扶于右膝，右臂上舉，身體和手臂儘量向後擺動，稍抬頭，連續做 10 次，做反方向。如圖 2-5-9。

練習五：大胯部韌帶

練習者平躺于地面，雙腿伸直分開，繃腳，同伴跪于地面雙手扶于練習者雙膝向下施力震顫。練習者髖部儘量放鬆。如圖 2-5-10。

圖 2-5-8

圖 2-5-9

圖 2-5-10

三、腳面柔韌性訓練方法

練習一：練習者坐于地面，伸直膝蓋，鉤腳尖，同伴一手按住對方膝蓋，一手抓住對方腳底向練習者膝蓋方向施力。練習者膝蓋不能彎曲，稍停一會，換反腳。如圖 2-5-11。

練習二：練習者坐于地面，伸直膝蓋，繃腳尖，同伴一手按住對方膝蓋，一手按住腳尖向下施力。停留一會，換反腳。如圖 2-5-12。

圖 2-5-11

圖 2-5-12

圖 2-5-13

練習三:練習者跪于地面,單腳腳尖與地面接觸臀部坐于腳跟上,向下用力。雙手儘量輕輕扶于地面。如圖 2-5-13。

練習四:練習者站立,雙手扶于凳子,單腳腳尖與地面接觸,上身直立,膝蓋伸直。向下用力。如圖 2-5-14。

圖 2-5-14

形體基本素質訓練注意事項

1. 形體基本素質訓練內容多,應考慮由易到難,由簡單到複雜。

2. 每次形體訓練要有重點,同時也要注意全面鍛鍊,避免內容單一化。

3. 在進行形體基本素質訓練前要熱身,過後要放鬆。

4. 在做雙人配合練習時,要考慮對方的接受能力,用力要適度,以免發生拉傷事故。

5. 要強調對稱動作的練習,避免身體對稱部位的不協調。

第三單元 形體塑造篇

▌模塊一 形體姿態訓練

學習目標

●瞭解自身形體姿態的不足

●學會形體姿態訓練的基本方法

一、形體訓練術語

（一）方向術語

當你站在場地中央時，從你的前、後、左、右會放射出 8 條射線，這就是我們通常所說的 8 個方向點。如圖 3-1-1。

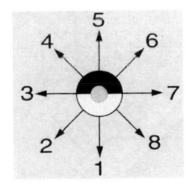

圖 3-1-1

1 點——正前方

2 點——右前方

3 點——正右方

4 點——右後方

5 點——正後方

6 點——左後方

7 點──正左方

8 點──左前方

（二）基本手位

形體訓練中的基本手位共有七位。如圖 3-1-2。

一位：兩臂圓屈下垂，指尖相隔幾釐米

二位：兩臂圓屈向前抬起，正對著下肋

三位：兩臂圓屈上舉，指尖相隔幾釐米

四位：一臂成三位，一臂成二位

五位：一臂成三位，一臂向旁打開

六位：一臂成二位，一臂向旁打開

七位：兩臂圓屈向旁邊平舉，小臂與肘同樣高

一位手　　　　二位手　　　　三位手　　　　四位手

五位手　　　　六位手　　　　七位手

圖 3-1-2

（三）基本腳位

形體訓練中的基本腳位共有五位。如圖 3-1-3。

一位：兩腳完全外開，腳跟緊貼著，站成一條橫線。

二位：由一位兩腳分開，相隔一腳距離。

三位：一腳位于另一腳的前面，腳跟緊貼著另一腳的中央。

四位：四位分「交叉」和「敞開」兩種，由三位腳前後分開，相距一腳的距離，叫做交叉四位；由一位兩腳向前後分開，相距一腳的距離，叫做敞開的四位。

五位：兩腳外開，向後緊貼，腳尖與另一個腳的腳跟對齊。

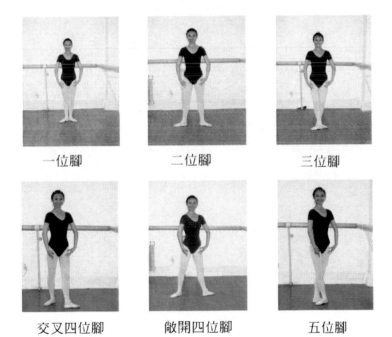

| 一位腳 | 二位腳 | 三位腳 |
| 交叉四位腳 | 敞開四位腳 | 五位腳 |

圖 3-1-3

二、地面練習

組合（一）──頭頸部位練習

預備姿勢	1~2拍	3~4拍	5~8拍
雙腿盤坐,挺胸、抬頭、立腰,雙臂伸直在體兩側撐地,雙眼平視前方	俯頭	回到平視前方。	兩拍一動,仰頭,回到平視。

圖 3-1-4

(2)動作同(1)。

(3)1~2拍	3~4拍	5~6拍	7~8拍
向左倒頭,眼看前方。	頭回正。	向右倒頭,眼看前方。	頭回正。

(4)動作同(3)。

(5)1~2拍	3~4拍	5~6拍	7~8拍
向左轉頭,眼看7點方向。	頭回正。	向右轉頭,眼看3點方向。	頭回正。

(6)動作同(5)

(7)向左做頭的轉動。低頭-左倒-仰頭-右倒轉動一周。

(8)向右做頭的轉動。低頭-右倒-仰頭-左倒轉動一周。

圖 3-1-4(續)

動作要點

1. 俯頭時，頭要低到最大限度。

2. 仰頭時，頸部應放鬆仰望正上方。

3. 轉頭時，注意上身保持不動。

組合（二）──肩部練習

預備姿勢

雙腿盤坐，挺胸、
抬頭、立腰，手臂
放鬆，目視前方。

(1)1~4拍

左肩向上聳起。

5~8拍

左肩放下回
原位。

(2)1~4拍

右肩向上聳起。

5~8拍

右肩放下回原位。

(3)1~4拍

雙肩同時向上
聳起。

5~8拍

雙肩放下回
原位。

(4)動作同(3)

最後一拍雙手
正叉腰。

(5)1~4拍

左肩向前，右肩
不動。

5~8

左肩回位。

(6)1~4拍

右肩向前，左肩
不動。

5~8拍

右肩回位。

(7)1~2拍

左肩向前，右肩
向後。

3~4拍

右肩向前，左肩
向後。

5~6拍

左肩向前，右肩
向後。

7~8拍

右肩向前，
左肩向後。

(8)動作同(7)，只是一拍一動，做8次前後肩。

圖 3-1-5

動作要點

1. 盤坐時上身要挺拔，手臂放鬆。

2. 單肩活動時，另一肩膀應保持不動。

3. 兩肩交替做前後肩時，注意上身儘量保持不動

組合（三）——鉤、繃腳練習

準備姿勢	(1)　1~4拍	5~8拍
雙腿併攏伸直， 上身垂直坐地， 挺胸收腹，雙手 於體兩側撐地。	雙腳勾腳。	雙腳繃腳。

(2)(3)(4)動作同(1)

(5)1~4拍	5~8拍	(6)1~4拍	5~8拍
右腳繃腳不動， 左腳勾腳。	右腳勾腳，左腳 繃腳。	右腳繃腳不動， 左腳勾腳。	右腳勾腳，左腳 繃腳。

(7)(8)動作同(5)，最後兩拍雙腳回到繃腳。

圖 3-1-6

(9) 1~4 拍	5~8 拍	(10) 1~4 拍	5~8 拍
雙腿伸直,繃腳分開,大腿內側肌肉外旋。	雙腿回到準備動作。	雙腳先做勾腳後,腳尖在分別向兩側打開。	雙腳經過繃腳後併攏,回到準備姿勢。

(11)動作同(9)
(12)動作同(10),方向相反。

圖 3-1-6(續)

動作要點

1. 坐地時上身要挺拔,兩腿併攏伸直,繃腳到腳趾尖。

2. 鉤腳要儘可能向上翹,伸展腳跟腱。

3. 兩腿保持從大腿根部向外旋轉的狀態。

組合(四)——下後腰練習

預備姿勢	(1) 1~2 拍	3~6 拍	7~8 拍
面朝7點,跪立。雙手扶住大腿。	雙手扶住大腿身體前傾。	從頭、頸、肩開始向後下腰,下腰後雙手扶住腳腕停住。	挑腰起身,回到準備姿勢。

(2)(3)(4)動作同(1)。

圖 3-1-7

動作要點

1. 下後腰時注意應調整好呼吸,前傾時吸氣,下腰時呼氣。

2. 挑腰起身時，注意要留住頭。

組合（五）——壓腿練習

準備姿勢	(1) 1~4 拍	5~8 拍
雙腿併攏伸直，繃腳。上身保持直立，手臂三位。	上身向前壓腿，盡量用胸去貼腿。	上身抬起，回準備姿勢。

(2)(3)(4)動作同(1)。

(5) 1~2 拍	3~4 拍	5~6 拍	7~8 拍
雙腿向身體兩側分開，繃腳，右手托掌位，左手扶住地板，向左壓左腿。	上身抬起，回原位。	上身向左壓左腿，盡量用背去貼腿。	上身抬起，回原位。

(6)動作同(5)
(7)(8)動作同，方向相反。

(9) 1~2 拍	3~4 拍	5~6 拍	7~8 拍
將左腿小腿收回，繃腳，右腿不動。	身體轉向7點，雙手體兩側扶地。	上身向後壓右後腿。	上身抬起，回原位。

圖 3-1-8

(10)動作同(9)中的5~8拍。

(11)動作同(9)，方向相反。

(12)動作同(9)中的5~8拍，方向相反。

圖 3-1-8（續）

動作要點

1. 前壓腿時，雙腿應始終保持繃直、收緊，不能放鬆、彎曲。

2. 前壓腿時，上身要儘量向長向遠往下壓，不能駝背，往回縮。

3. 側壓腿時，分開的雙腿要儘量從大腿根向外打開。

4. 側壓腿時，要保持後背挺直，用身體側面下壓腿。

5. 後壓腿時，收回的小腿應盤緊，後腿要求從大腿根向外打開，伸直繃腳收緊，膝蓋和腳背面對側面，切忌腳後跟朝天。

6. 後壓腿時，雙肩要平，不能有一前一後或一高一低的現象。

組合（六）——踢腿練習

準備姿勢	(1) 1~2 拍	3~4 拍	5~8 拍
仰臥，雙腿併攏繃腳伸直，雙臂體兩側平伸，掌心朝下。	左腿伸直、繃腳用力向上踢起。	輕輕落下，回準備姿勢。	重複1~4拍動作

(2)動作同(1)。

(3)(4)動作同(1)，換右腿踢。最後兩拍向右側轉，右臂平伸，掌心朝下，頭枕在右臂上，左臂屈肘於胸前，掌心朝下扶地板。

圖 3-1-9

(5) 1~2 拍	3~4 拍	5~6 拍	7~8 拍
左腿伸直、繃腳,朝著耳朵方向踢起。	輕輕落下,回原位。	左腿伸直,朝耳朵方向踢起。	輕輕落下,回原位。

(6)動作同(5),最後兩拍左轉身。

(7)(8)動作同(5),換右腿踢。最後兩拍左轉身平爬下,抬頭,雙手互搭上臂,雙肘撐住地板。

(9) 1~2 拍	3~4 拍	5~6 拍	7~8 拍
向後踢左腿,踢腿時要抬頭。	輕輕落下,回原位。	向後踢左腿。	輕輕落下,回原位。

(10)動作同(9)

(11)動作同(9),換右腿踢。最後兩拍將右腿收回成跪立,左腿伸直後點地,雙手與肩同寬伸直撐住地板。

(12) 1~2 拍	3~4 拍	5~6 拍	7~8 拍
跪立向後踢左腿,踢腿時要抬頭,盡量踢高。	輕輕落下,回原位。	跪立向後踢左腿。	輕輕落下,回原位。

(13)動作同(12)

(14)(15)動作同(12),換右腿踢。

圖 3-1-9(續)

動作要點

1. 前踢腿時，保持好正確臥姿，動作腿有力向上踢，另一條腿要伸直繃腳收緊，不能跟隨動作晃動。

2. 準備側踢時，注意轉身時身體要保持一條直線。

3. 側踢腿時，應打開旁腿，將腳背朝上再踢腿。

4. 後踢腿時，膝蓋不能彎曲，雙肩保持平正，向後踢腿時要對準自己的後腦勺，不要歪斜。

5. 後踢腿時，不要掀胯，保持髖關節不離開地面。

6. 跪姿後踢腿，要求上身後抬儘量碰腿。

組合（七）── 背肌練習

準備姿勢	(1) 1~4 拍	5~8 拍
俯臥，雙腿併攏繃腳伸直，雙臂在頭兩側伸直，掌心朝下。	上、下身同時上均勻地離開地面抬起，成兩頭翹。	輕輕落下，呈準備姿勢。

(2)(3)(4)動作同(1)
(5)(6)(7)(8)動作同(1)，只是兩拍抬起，兩拍落下。

圖 3-1-10

動作要點

1. 背肌練習在上、下身同時離開地面時，離開地面越高越好。

2. 練習時保持手、腳伸直，向相反方向延伸。

3. 落下時，應慢而輕。

三、把上練習

（一）連接動作

1. 迎風展翅 〔arabesque 阿拉貝斯克〕

迎風展翅（1）

右足為主力腿，左腿向後打開繃腳抬起。右手臂向前上方伸出，左手扶把。手心向下，眼隨右手指出方向看遠方。如圖 3-1-11。

迎風展翅（2）

腿和第一迎風展翅一樣，只換左手臂向前上方平伸，右手扶把。頭轉向1點看遠方。如圖 3-1-12。

圖 3 1 11

圖 3-1-12

圖 3-1-13

2. 吸腿〔passè 帕塞〕

五位腳開始，動作腿經小吸腿，沿支撐腿經向上吸腿，一般吸到腳尖點在支撐腿膝蓋高度。如圖 3-1-13。

3. 伸腿〔dèveloppé 代弗洛佩〕

伸腿是連接在吸腿後的延伸動作。經吸腿後向前、旁、後任何一方向伸腿。支撐腿可以直立，也可以半蹲。半蹲伸腿必須在吸腿後支撐腿漸漸半蹲，動作腿向一方向伸出。如圖 3-1-14。

圖 3-1-14

（二）基本動作

1. 壓腳趾

雙手扶把，成正步位站立，腳後跟向上抬，腳趾下踩，兩腳交替做，雙腳併攏，壓腳趾。如圖 3-1-15。

圖 3-1-15

2. 壓腿

前壓腿

主力腿要開，腳尖向外打開，動作腿儘量向外轉開，身體直立保持胯的平衡。右腿向前伸出，輕輕放在把桿上，壓腿時用小腹去貼大腿，上身儘量保持筆直，注意繃腳尖。如圖 3-1-16。

圖 3-1-16

圖 3-1-17

側壓腿

右手扶把，左手位于三位，向旁壓腿，主力腿外開，動作腿的腳背儘量向外打開，收緊臀大肌，旁腰打開，要保持胯的穩定。如圖 3-1-17。

後壓腿

主力腿深蹲，右手臂上舉，立半腳尖，向 上 挺 直，身 體 向 後 壓。如圖 3-1-18。

3. 大踢腿

呈五位站立，左手扶把，右手打開七位。右腿向前踢起90度以上，點地，還原成五位。向側踢腿，穩住重心，點地，收回五位。左腿一樣。踢腿時方向要準，身體不能向後坐。如圖 2-1-19。

圖 3-1-18

圖 3-1-19

4. 蹲

身體挺直，直立，上身前屈。腳跟不能離地。慢慢向下蹲，然後還原直立。
如圖 3-1-20。

圖 3-1-20

5. 擦地

一位站立，腳向前擦地出去，保持外開，兩胯外開，雙膝繃直。在擦地
的過程中，注意收緊臀大肌，大腿儘量轉開，內側肌夾緊。向側、後擦地要
領相同。如圖 3-1-21。

圖 3-1-21

6. 小踢腿

左腿經擦地向前踢出 25 度左右，點地後收回呈前五位。動作要有爆發力，停頓準確，腳繃直。向體側、體後做小踢腿時要求同上。如圖 3-1-22。

圖 3-1-22

7. 畫圈

以左腿為重心，右腿前擦地向外畫圈到體側，腳點地，做前畫圈動作，還原時經過旁擦還原，注意保持腿的外開，兩胯放鬆。後畫圈方向相反。如圖 3-1-23。

圖 3-1-23

8. 單腿蹲

　　單腿蹲，向前點地，尾椎到頸椎儘量直立，兩膝儘量向兩側打開。蹲和起的時間要一樣，注意動作要平穩連貫。保持外開，膝蓋儘量向旁打開，繃腳，前點地。如圖 3-1-24。

9. 小跳

　　一位站立，半蹲，跳起。注意，膝蓋要放鬆，富有彈性，落地時，腳尖、腳掌、腳跟依次落地。起跳時要有爆發力。呼吸要均勻，落地要輕、穩。空中保持一位姿勢，腳要繃直。如圖 3-1-25。

圖 3-1-24

圖 3-1-25

四、把下練習

組合（一）——擦地練習

預備姿勢

右腳前五位站
立，手一位。

前奏

後四拍雙手手臂
從一位經過二位
打開至七位，同時
右腳向前擦出。

（1） 1 拍

收回右腳。

2 拍

右腳向前擦出。

3 拍

4 拍

5 拍

6 拍

圖 3-1-26

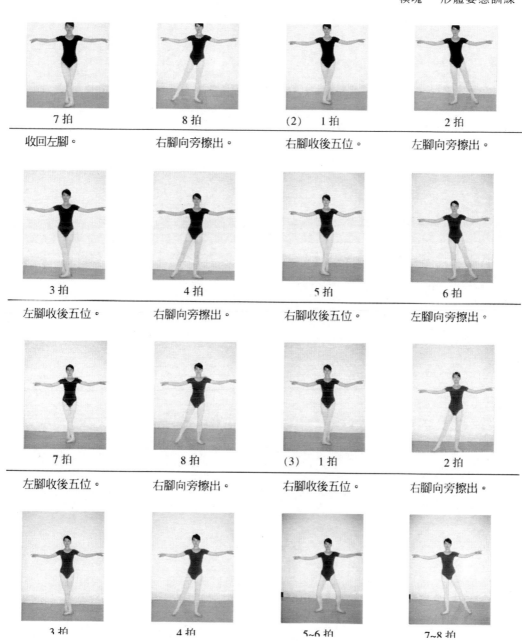

7 拍	8 拍	(2) 1 拍	2 拍
收回左腳。	右腳向旁擦出。	右腳收後五位。	左腳向旁擦出。

3 拍	4 拍	5 拍	6 拍
左腳收後五位。	右腳向旁擦出。	右腳收後五位。	左腳向旁擦出。

7 拍	8 拍	(3) 1 拍	2 拍
左腳收後五位。	右腳向旁擦出。	右腳收後五位。	右腳向旁擦出。

3 拍	4 拍	5~6 拍	7~8 拍

圖 3-1-26（續）

（4）　1～2 拍	3 拍	4 拍	5～8 拍
一拍一動，左腳打擊兩次。	左腳收後五位。	右腳向旁擦出。	同1～4拍相反。

(5)動作同(1)，方向相反。

(6)動作同(2)，方向相反。

(7)動作同(3)，方向相反。

(8)動作同(4)，方向相反。最後手臂經呼吸收回一位。

圖 3-1-26（續）

動作要點

1. 做反面擦地時，注意不要做成小踢腿。

2. 最後手臂收回一位時，應用呼吸帶動手臂，指尖向遠處伸長，再收回。

組合（二）──踢腿練習

預備姿勢	前奏	（1）　1～2 拍	3～4 拍
身體面對1點，右腳前五位站立，手一位。	後四拍身體轉向8點，雙手手臂從一位經過二位打開至5位。	右腿伸直，繃腳用力向上踢前腿，左腿伸直保持不動。	右腿輕輕落下。

圖 3-1-27

5~6 拍	7~8 拍	(2)　1~2 拍	3~4 拍
右腿伸直、繃腳用力向上踢前腿，左腿伸直保持不動。	右腿輕輕落下。	踢右前腿，左腿伸直保持不動。	右腿輕輕落下。

5~6 拍	7~8 拍	(3)　1~2 拍	3~4 拍
踢右前腿，左腿伸直保持不動。	輕輕落下右腿。同時左手手臂下來到六位，手指尖向前伸。	左腿伸直、繃腳用力向上踢後腿，右腿伸直保持不動。	左腿輕輕落下。

5~6 拍	7~8 拍	(4)　1~2 拍	3~4 拍
左腿伸直、繃腳用力向上踢後腿，右腿伸直保持不動。	左腿輕輕落下。	踢左後腿，右腿伸直保持不動。	左腿輕輕落下。

圖 3-1-27（續）

5~6 拍	7~8 拍	(5)　1~2 拍	3~4 拍
向後踢左腿，右腿伸直保持不動。	輕輕落下左腿。同時身體轉回1點，左手手臂打開到七位。	右腿伸直、繃腳用力向右上側踢腿，左腿伸直保持不動。	右腿輕輕落下收後五位。

5~6 拍	7~8 拍	(6)　1~2 拍	3~4 拍
左腿伸直、繃腳用力向左上側踢腿，右腿伸直保持不動。	左腿輕輕落下收後五位。	右腿伸直、繃腳用力向右上側踢腿，左腿伸直保持不動。	右腿輕輕落下收後五位。

5~6 拍	7~8 拍
身體轉向2點，同時雙手手臂從七位到二位。	雙手手臂從二位打開至五位。

(7)動作同(1)，方向相反。

(8)動作同(2)，方向相反。

(9)動作同(3)，方向相反。

(10)動作同(4)，方向相反。

(11)動作同(5)，方向相反。

(12)動作同(5)，方向相反。最後雙手手臂

圖 3-1-27（續）

動作要點

1. 踢腿時膝蓋應儘量伸直，用腳背帶動大腿向上踢。

2. 主力腿要保持好重心，動力腿要繃腳向上踢。

3. 踢腿時，上身姿態要保持舒展、直立。

組合（三）── 一位小跳練習

準備姿勢	（1） 1~4 拍	5~6 拍	7~8 拍
腳一位站立，雙手一位。	原地向下半蹲。	推地跳起，在空中兩腿伸直，繃腳背。	落地一位半蹲，再將兩腿伸直還原。

(2)(3)動作同(1)

(4)動作同(1)，最後一拍下蹲。

(5)1~4拍：一拍一跳，連續跳三次，最後一拍半蹲。

5~8拍：慢慢將兩腿伸直還原，最後一拍下蹲。

(6)(7)(8)動作同(5)，最後將兩腿伸直即可。

圖 3-1-28

動作要點

1. 做一位小跳時，必須從半蹲的位置上起跳，半蹲時不允許提起腳後跟。

2. 起跳要有力推地，在空中時應膝蓋伸直，繃直腳背。

3. 落地必須經過腳尖、腳掌、腳跟，依次落地後半蹲，切忌直接腳跟落地或只落到腳掌接著又起跳。

4. 雙腳推地跳起時，注意用力要均勻。

組合（四）──五位小跳練習

準備姿勢	(1) 1~4拍	5~6拍	7~8拍
右腳前五位站立，雙手一位。	原地向下半蹲。	離地跳起，兩腿伸直在空中經一位互換位置，繃腳背。	落地半蹲，再將兩腿伸直還原。

(2)(3)動作同(1)

(4)動作同(1)，最後一拍下蹲。

(5)1~4拍：一拍一跳，連續三次換腳跳，最後一拍半蹲。

5~8拍：慢慢將兩腿伸直還原，最後一拍下蹲。

(6)動作同(5)

(7)一拍一跳，連續四次換腳跳，最後一拍半蹲。

(8)1~4拍：一拍一跳，連續四次換腳跳，最後一拍半蹲。

5~8拍：慢慢將兩腿伸直還原。

圖 3-1-29

動作要點

1. 做五位小跳時，不要求跳得高，只需要腳尖剛剛離開地面即可。

2. 在空中時，應膝蓋伸直，繃直腳背，兩腿經一位互換位置。

3. 雙腳推地跳起時，注意用力要均勻，離地在空中時要尋找空間直立的感覺。

組合（五）——放鬆練習

 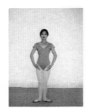  

準備姿勢	(1) 1~2 拍	3~4 拍	5~6 拍
腳一位站立，雙手一位。	雙手一位。	雙手二位。	雙手三位。

7 8 拍	(2) 1~4 拍	5 8 拍
左手臂向旁打開到五位。	上身向左傾倒，頭向左側看。	上身和頭都恢復到原位，最後一拍雙手手臂打開到七位。

(3)動作同(1)。
(4)動作(2)，方向相反。

(5) 1~2 拍	3~4 拍	5~6 拍	7~8 拍
原地向下半蹲。	兩腿伸直還原。	原地向上墊半腳尖。	兩腿伸直還原。

圖 3-1-30

(6) 1~4 拍

原地向下深蹲，
同時雙手手臂
從七位到一位。

5~8 拍

兩腿伸直還原，同
時雙手手臂從三
位打開到七位。

(7) 1~4 拍

下身不動，上身
向前傾倒。

5~8 拍

上身進一步做深
前屈，同時雙手
手臂到三位。

(8) 1~8 拍

慢慢直起上身。

(9) 1~4 拍

下身不動，上身
向後傾倒。

5~8 拍

恢復原位。

(10) 1~4 拍

雙手手臂從三位
向旁打開到七位。

5~8 拍

雙手手臂從七
位收回到一位。

圖 3-1-30（續）

動作要點

1. 雙手手臂到三位時，注意肩膀應放鬆，不要上抬。

2. 做放鬆練習時，仔細體會用呼吸帶動身體做動作的感覺。

3. 上身做深前屈時，應挺胸、背部放鬆，切忌弓腰駝背。

模塊二 形體美感訓練

學習目標

●學習和掌握多途徑的形體訓練方法

●培養學生形體姿態的美感

一、民族舞蹈

（一）維吾爾族舞蹈

中國維吾爾族人民自古居住在中國的西北部——新疆，它是中國最大的省區之一，有著悠久的文化傳統和豐富的藝術遺產。歌舞藝術絢麗多姿，自古以來新疆即以「歌舞之鄉」著稱。

維吾爾族舞蹈與其他民間舞蹈一樣都來自生活。維吾爾族人民的祖先生活在中國北方的大草原上，後移居至西域（今新疆），由草原牧騎生活發展到地區農業生活。維吾爾族人民在不同歷史時期信奉過薩滿、摩尼、佛、伊斯蘭等宗教。這種經濟生活和宗教文化在維吾爾族舞蹈中留下了多重文化印跡，使其既有歷史中「胡騰」「胡旋」的古韻，又有薩滿跳神的神韻；既有古波斯、阿拉伯舞蹈的風韻，又有臨近民族舞風的韻味。維吾爾族舞蹈在繼承傳統古代額爾渾河流域和天山回鶻樂舞的傳統基礎上，又吸收古西域樂舞的精華，歷經新疆各族人民長期的藝術創作與完善，形成了深受人民喜愛、具有多種形式和特殊風格的民間舞蹈藝術。

1. 體態的基本特徵

強調昂首挺胸、立腰、拔背而產生的立感，給人一種高傲挺拔、外向的感覺。

2. 節奏的基本特徵

維吾爾族舞蹈節奏多用切分音、附點節奏、加強弱拍等的藝術處理。

3. 律動的基本特徵

膝部規律性的連續顫動和變換是一瞬間的微顫，作用是使動作銜接自然、柔和、優美。

4. 動作的基本特徵

移頸，頭部的搖動、挑，手部的翻腕、繞腕、擊腕等豐富多變的動作，特別是「先正看而後低手閉目」的眉眼運用，構成維吾爾族舞蹈風格的重要特點。

5. 體態特徵

腰背挺拔的體態，這一特點貫穿維吾爾族民間舞蹈，形成風格的突出特點。搖身點顫是女性舞蹈中的一種基本動律。做法如下：右腿為主力腿，微屈膝，右腳旁點為離地準備。前點拍，左腳拇指內側點地，右腿直膝，身體重心上移，同時身體左肩帶動平搖。後半拍右膝微屈顫動，身體重心還原左腳離地。動律在內，富有彈性。練習時從叉腰開始，逐步加入常用手位進行搖身點顫動律練習。練習中應做到「挺拔而不僵」「微顫而不竄」。

6. 基本動作

常用手形

立腕手（女）：手指上翹，拇指接近中指，其餘三指自然彎曲。

平手（男）：自然掌形。

手位

一位手：雙手側下舉，好似提裙動作，也叫提裙位。

二位手：雙手側平舉，手腕立起。

三位手：雙手上舉于托掌位，也叫雙托掌位。

四位手：右手于前手位手心向外，左手頂手位，也叫托按掌位。

五位手：左手橫手位，右手頂手位，也叫順風旗位。

六位手：左手橫手位，右手前手位，手心向外，也叫山傍立腕位。

七位手：雙手胸前手位，左手高，右手低，手心向外對 2 點、8 點方向，手指尖對斜上方，也叫雙按掌位。

八位手：雙臂拉開，中指點于肩上，手臂肘對 3 點、7 點方向。

叉腰位：雙手叉于腰間。

托帽位：一手于頭後托帽，一手斜上舉。

遮羞位：一手上舉于托掌位，另一手在臉外側立腕，低頭。

扶胸位：一手扶于胸前，好似敬禮動作。

腳位

正步位：雙腳併攏，腳尖向前。

踏步位：一腳腳尖朝斜前方，另一腳在後腳掌點地，膝略屈。

點步位（前、旁、後）：前點步——一腳支撐，另一腳在正前方用腳尖點地。旁點步——一腳支撐，另一腳在旁側用腳尖點地。後點步——一腳支撐，另一腳在正後方用腳尖點地。

手臂動作

繞腕：手腕繞動一圈，可分為慢繞和快繞兩種。

攤手：手心向上，手臂由裡向外打開的動作。

捧手：手心向上，手臂由下向上或由外向裡的動作。

7. 基本舞步

墊步

小八字步準備。第一拍右腳向左一步，腳跟著地向下碾，腳尖稍離地從右劃至左。第二拍左腳向左移動，重複進行。以上為向左側的橫墊步，向右側橫墊步動作相同，方向相反。

進退步

小八字步準備。第一拍前半拍右腳向前邁一步，腳跟點地，後半拍左腳原地踏步一下。第二拍前半拍右腳向後退一步，腳掌踩地，後半拍左腳原地踏步一下。在練習過程中注意重心保持平穩。

三步一抬步

小八字步準備，準備拍的最後半拍右腿小腿自然後抬，身體轉向 8 點。第一、二拍右腳起步，半拍一步向前走三步，最後半拍左腿小腿自然後抬，身體轉向 2 點。第三、四拍左腳起步，半拍一步向前走三步，最後半拍右腿小腿自然後抬，身體轉向 8 點。三步一抬步可直線做，交叉上步做，也可抬步轉身做。

　　錯步

　　小八字步準備。第一拍前半拍右腳向前邁一步，腳掌著地，重心前移，後半拍左腳向前上步于右腳後。第二拍右腳再向前邁步，隨後左腳起步做錯步，動作相同方向相反。

　　點步

　　小八字步準備。動作時主力腿隨著音樂的節拍原地屈伸（或向任意方向上步）。同時主力腿腳掌按著音樂的節拍有規律地點地，點地的位置可在主力腿的前、側、後等。也可以主力腿為軸進行點轉，還可做點步移動。動作時要求身體挺拔。

　　組合（一）——維族動律組合

預備姿勢	（1） 1~2 拍	3~4 拍	5~8 拍
雙腳正步位，雙臂自然下垂，面對1點站立。	右腳向前伸，同時上身前傾，雙手在胸前七位。	左腳向前上一步，上身直立，雙手在二位。	右腳前點步，雙手二位，移頸同時右腳兩拍一點。

(2)1~6拍：動作同第一個8拍中的5~8拍，兩拍一次。

　　7~8拍：右腳前點步，雙臂自然下垂。

（3） 1~2 拍	3~4 拍	5~6 拍	7~8 拍
身體向右轉面對3點，右腳前踮步，雙手於頭頂手腕相對，指尖向左。	身體向右轉面對4點，右腳前點步，雙手於頭頂手腕相對，指尖向右。	身體向右轉面對5點，右腳前點步，雙手於頭頂手腕相對，指尖向左。	身體向右轉面對6點，右腳前點步，雙手於頭頂手腕相對，指尖向右。

（4） 1~2 拍	3~4 拍	5~6 拍	7~8 拍
身體向右轉面對7點，右腳前點步，雙手於頭頂手腕相對，指尖向左。	身體向右轉面對8點，右腳前點步，雙手於頭頂手腕相對，指尖向右。	身體向右轉面對1點，右腳前點步，雙手於頭頂手腕相對，指尖向左。	身體向右轉面對1點，右腳前點步，雙手於頭頂手腕相對，指尖向右。

圖 3-2-1

(5)動作同(1)，方向相反。
(6)動作同(2)，方向相反。
(7)動作同(3)，方向相反。
(8)動作同(4)，方向相反。最後半拍雙手向裡繞腕。

(9) 1~2拍	3~4拍	5~6拍	7~8拍
左腳後撤步半蹲，雙手在胸前七位。	右腳旁點步，雙手在胸前七位。	右腳後撤步半蹲，雙手在胸前繞腕。	左腳旁點步，同時雙手向旁打開到二位。

(10) 1~2拍	3~4拍	5~6拍	7~8拍
左腳後撤步半蹲，雙手在胸前攤手。	右腳旁點步，雙手在頭頂三位。	右腳後撤步半蹲，雙手在胸前攤手。	左腳旁點步，雙手在頭頂三位。

(11) 1拍	2~4拍	5拍	6~8拍
右腳原地蹈一步雙膝略屈，右手握拳姆指指右肩上，左手握拳姆指指右腋下。	左腳向後邁一步腳掌著地，右腳向後邁一步停住，雙臂從旁到自然下垂。	左腳原地蹈一步雙膝略屈，左手握拳姆指指右肩上，右手握拳姆指指左腋下。	右腳向後邁一步腳掌著地，左腳向後邁一步停住，雙臂從旁到自然下垂。

(12)動作同(11)。最後半拍左膝顫一下，同時右小腿抬起。

圖 3-2-1（續）

（13）　1拍	2~4拍	5拍	6~8拍
右腳向8點上一步，腳跟先著地，左手握拳姆指指左肩上，右臂自然下垂。	左腳向左旁橫邁一步，右腳向左腳前旁上一步，左臂從旁到自然下垂。	左腳向2點上一步，腳跟先著地，右手握拳拇指指右肩上，左臂自然下垂。	右腳向右旁橫邁一步，左腳向右腳前旁上一步，右臂從旁到自然下垂。

(14)動作同(13)。

（15）　1拍	5~8拍	（16）　1~4拍	5~8拍
左腳在前，右腳後踏步半蹲，右手心朝上由外向裡收回，左臂自然下垂。	雙手向裡繞腕，右手高，左手低。	右腳後點步，雙手提壓腕，兩拍一次。	身體從右側轉一圈。

圖 3-2-1（續）

組合（二）——維族體態組合

預備姿勢	（1）　1·2拍	3·4拍	5·6拍
雙腳正步位，雙臂自然下垂，面對1點站立。	右腳向8點上一步蹲，同時左手指尖搭肩，右臂自然下垂。	左腳旁點步，雙腿直立，同時左手翻腕向旁推出去。	左腳向2點上一步蹲，同時右手指尖搭肩，左臂自然下垂。

圖 3-2-2

7~8 拍	(2)　1~4 拍	5~8 拍
右腳旁點步，雙腿直立，同時右手翻腕向旁推出去。	身體從左側轉半圈，同時右腳旁點步兩拍一次，左手舉起，右手身後隨動。	身體轉回1點，同時右腳旁點步兩拍一次，左手舉起，右手在身後隨動。

(3)動作同(1)，方向相反
(4)動作同(2)，方向相反
(5)動作同(1)。
(6)動作同(2)。
(7)動作同(1)，方向相反
(8)動作同(2)，方向相反。最後半拍右膝顫一下，同時左小腿吸起。

(9)　1~4 拍	5~8 拍	(10)　1~2 拍	3~4 拍
左腳向2點上一步，右腳旁點步雙手手心朝下，左手在頭旁，右手在腰旁。	原地旁點步，兩拍一動。	身體從左側轉向7點，右腳旁點步。	身體從左側轉向5點，右腳旁點步。

5~6 拍	7~8 拍	(11)　1~2 拍	3~4 拍
身體從左側轉向3點，右腳旁點步。	身體從左側轉向1點，右腳旁點步。	身體前傾，右腳向前上一步，左臂向前擺動。	身體前傾，左腳向前上一步，右臂向前擺動。

圖 3-2-2（續）

5~7 拍	8 拍	(12) 1~8 拍
身體直立，從右腳開始交替向前邁三步，手臂在體側自然擺動。	左腳向左旁橫邁一步，右腳後踏步，右手手心朝下在頭旁，左臂自然下垂。	雙膝微顫，身體右、左、右、左擺動，右手在頭旁指尖彈動，左臂自然下垂。

(13)動作同(11)，方向相反。
(14)動作同(12)，方向相反。
(15)動作同(11)，方向相反。
(16)動作同(12)，方向相反。
(17)動作同(11)，方向相反。
(18)動作同(12)，方向相反。
(19)動作同(9)，方向相反。
(20)動作同(10)，方向相反。

圖 3-2-2（續）

（二）蒙古族舞蹈

蒙古族人民世代繁衍生息在中國北方遼闊的大草原上，自古以天地山川和雄鷹為圖騰。由于長期受遊牧狩獵生活和草原地理環境氣候的影響，蒙古族和其他東方民族差異很大，形成了強悍、矯健的體魄和桀驁不馴、勇往直前的性格，同時也創造了富有草原文化氣息、具有遊牧民族特色的遊牧舞蹈——蒙古族舞。他們的民間舞蹈熱情奔放，穩健有力，節奏歡快，具有粗獷、剽悍、質樸、莊重的鮮明特點，洋溢著來自大自然的勃勃生機，呈現一派豪放與自信的「天之驕子」的氣概。

1. 體態的基本特徵

蒙族舞蹈體態的基本特徵是表演者上身略微後傾，頸部稍後枕，下巴略抬，視線開闊，有置身草原的感覺，這一特徵始終貫穿于每一個動作中。蒙古族舞蹈的手形以平手為主，這種手形同樣給人以開闊大方之感。

2. 動律的基本特徵

蒙古族舞蹈的動律為趨拖特點的步伐和上身「畫圓」，它們體現了蒙古民族雄渾、剛毅、端莊、穩健的性格特徵，肩、臂、腰、腕的畫圓在蒙古族舞蹈中十分常見，有著十分重要的意義。為表現蒙古人民粗獷、剽悍、質樸、莊重的性格，20 世紀 50 年代以後，舞蹈工作者創作出大量典型蒙古族舞蹈的動作技巧如「馬步騰躍」、「正板腰」等，及一些實用道具的舞蹈如「筷子舞」、「盅碗舞」等，給予舞蹈發展和創新，使其具有很強的技巧性和觀賞性。蒙古族有「馬背民族」之稱。遊牧民族喜愛飛翔于藍天的雄鷹，喜愛馳騁在草原上的駿馬，蒙古族人民把民族感情、民族特徵和來自大自然的靈感都融匯于鷹和馬的舞蹈形象上，因此，展現英勇騎士馳騁草原的馬，象徵男子粗獷氣質的雄鷹，自然成了蒙古男子舞蹈的典型形象之一。

3. 基本動作

常用手形

平手：四指併攏，拇指自然伸直。

空拳：五指握成空心拳。

常用手位

一位：雙臂向斜下方平伸于小腹前，手心向下，雙肘略彎曲。

二位：雙臂體前側下舉，手心向下。

三位：雙臂側平舉，手心向下。

四位：雙臂斜上舉，手心向下。

五位：雙手于右（左）胯旁按掌，指尖相對。

六位：雙臂間側曲肘，指尖觸肩。

七位：雙手握空拳，拇指伸出叉腰，手背朝上。

八位：雙手後背于體後按掌。

常用腳位

八字步：兩腳成八字形站立。

踏步：一腳腳尖朝斜前方站立，另一腳在後用腳掌點地。

前點步：一腳八字步，另一腳正前方，膝略彎曲打開，腳尖點地。

騎馬手臂動作

勒馬：手臂在胸前壓腕、屈肘、向後拉臂，好似拉韁繩動作。此動作可單手做，也可雙手做。

舉鞭：一手持鞭高舉，一手拉韁繩，也叫揚鞭。

加鞭：一手持鞭由上經前用力向後甩，一手拉韁繩。

揮鞭：一手持鞭高舉于頭上輕輕揮動鞭子，一手抖動手腕。

手、臂、肩的基本動作

手腕的動作

硬腕：手腕有節奏的提壓，或者平行橫向左右翼東（也叫橫腕），節奏鮮明，富有彈性，並且做法多種多樣，如可雙手同時同向提壓，雙手同時異向交替提壓等。

柔腕：手腕慢節奏的有柔韌的提壓腕或橫腕左右移動。

翻轉腕：手掌外緣帶動向外或向裡翻轉腕推拉掌。

手臂的動作

柔臂：雙肩在體側交替或同時上下擺動，動作時以肘發力帶動肩、大臂、小臂、手腕、動作過程緩慢、舒展，猶如連綿起伏的波浪。

轉臂：雙臂側平舉交替轉動手臂。動作要緩慢、深沉、內在用力。

肩的動作

柔肩：雙肩節奏緩慢地前後交替移動。動作過程慢而柔，舒展而連貫。

硬肩：雙肩節奏鮮明地前後交替移動。動作過程快而脆，有停頓感。

聳肩：雙肩有彈性的同向或交替上下移動。

笑肩：雙肩有彈性的起落，鬆弛靈活，一般連續起落三次為一次笑肩。

甩肩：以肩代臂，瀟灑豪放的單肩或雙肩交替前後甩動。

抖肩：雙肩快速均勻，流暢自如的前後交替抖動。

4. 基本舞步

平步

小八字步準備。第一拍右腳掌拖地向前邁進一步，第二拍左腳掌拖地向前邁進一步，以後重複進行。平步可以在不同方向進行，走平步時上體要平穩，不要上下起伏。

踏跺步

小八字步準備。第一拍右腳向右側畫弧邁步，由腳掌過渡到全腳著地，屈膝，同時左腿屈膝、腳離地，身體重心下沉。第二拍左腳掌踏在右腳後左腿伸直，同時右腳離地。以後重複進行。踏跺步時第二拍一直是前腳掌著地，每一步身體都要隨之有彈性地上下起伏。

碎步

正步準備。動作時，雙腳立踵、有節奏地雙腳交替快速而又均勻地小步子行進或原地轉動等。膝關節要輕鬆，步子要穩健而又細碎，快速而又靈活。

走馬步

右腳在前的丁字步準備。第一拍右腳透過提膝前伸小腿向前方邁一小步，由腳掌著地過渡到全腳著地、重心前移。第二拍左腿透過提膝前伸小腿向前邁一小步，腳掌著地過渡到全腳著地、重心前移。以後重複進行。此步法可移動中進行，也可在原地進行。

踩掌步

正步準備。第一拍的前半拍，右腳向右前邁出呈弓步，同時腳掌著地、腳跟抬起、重心前移；後半拍腳跟踩地。第二拍的前半拍，左腳向左前邁出呈弓步，同時腳掌著地、腳跟抬起、重心前移；後半拍，腳跟踩地。踩掌步還可以在正步的基礎上進行。

跑馬步

正步準備。左右腿交替前踢跳落，一般為半拍一步。

組合（一）——蒙族軟手組合

預備姿勢	前奏	(1) 1~4 拍	5~7 拍
右腳在前，左腳在後小踏步，雙手一位，眼看2點。	最後一拍左腳向2點弓步蹲。	兩腿慢慢伸直，同時用左臂肘關節向上帶到四位，右臂自然下垂。	左手慢慢向下壓腕到左臂自然下垂。

8 拍	(2) 1~4 拍	5~8 拍	(3) 1~2 拍
右腳向8點上步蹲。	兩腿慢慢伸直，同時用右臂肘關節向上帶到四位，左臂自然下垂。	右手慢慢向下壓腕到右臂自然下垂。	左腳向前邁一步，同時左肩從前向後柔肩，雙臂在二位擺動。

3~4 拍	5~6 拍	7~8 拍	(4) 1~2 拍
右腳向前邁一步，同時右肩從前向後柔肩，雙臂在二位擺動。	左腳向前邁一步，同時左肩從前向後柔肩，雙臂在二位擺動。	右腳向前邁一步，同時右肩從前向後柔肩，雙臂在二位擺動。	左腳向前走馬步，雙臂在三位柔臂。

圖 3-2-3

3~4 拍	5~6 拍	7 拍	8 拍
右腳向前走馬步，雙臂在三位柔臂。	左腳向前走馬步，雙臂在三位柔臂。	右腳向前走馬步，雙臂在三位柔臂。	從左側轉身，面對5點，右腳向4點上步蹲。

(5) 1~4 拍	5~7 拍	8 拍	(6) 1~4 拍
兩腿慢慢伸直，同時右手手心向上帶到四位，左臂自然下垂。	右手手背朝下，慢慢向下壓腕到右臂自然下垂。	左腳向6點上步蹲。	兩腿慢慢伸直，同時左手手心向上帶到四位，右臂自然下垂。

5~8 拍	(7) 1~2 拍	3~4 拍	5~6 拍
左手手背朝下，慢慢向下壓腕到左臂自然下垂。	右腳向前邁一步，同時右肩從前向後柔肩，雙手手心朝上上下擺動。	左腳向前邁一步，同時左肩從前向後柔肩，雙手手心朝上上下擺動。	右腳向前邁一步，同時右肩從前向後柔肩，雙手手心朝上上下擺動。

圖 3-2-3（續）

7~8 拍

(8) 1~2 拍

3~4 拍

5~6 拍

左腳向前邁一步，同時左肩從前向後柔肩，雙手手心朝上上下擺動。

右腳向前走馬步，雙手手心朝上在三位柔臂。

左腳向前走馬步，雙手手心朝上在三位柔臂。

右腳向前走馬步，雙手手心朝上在三位柔臂。

7 拍

8 拍

(9) 1~4 拍

5~8 拍

左腳向前走馬步，雙手手心朝上在三位柔臂。

從右側轉身，面對1點。

左腳抬高向2點上步成大踏步，右臂從上至下，左臂從下至上交替柔臂。

右腳抬高向8點上步成大踏步，左臂從上至下，右臂從下至上交替柔臂。

(10) 1~2 拍

3~4 拍

5~6 拍

7~8 拍

左腳向7點邁一小步，同時將重心移至左腳腳掌，雙臂柔臂。

左腳後踏步，重心在兩腿之間，右臂從上至下，左臂從下至上交替柔臂。

重心移至左腳上，左臂從上至下，右臂從下至上交替柔臂。

一拍一動，重心從右腳移至左腳，雙臂上下交替柔臂。

(11)動作同(9)，方向相反。

(12)動作同(10)，方向相反。最後半拍從右側轉身，面對5點。

圖 3-2-3（續）

(13) 1~2拍	3~4拍	5拍	6拍
右腳向前走馬步，雙手手心朝上在三位柔臂。	左腳向前走馬步，雙手手心朝上在三位柔臂。	右腳向右邁一步，右肩從前向後柔肩，雙臂在三位，雙手手心朝上。	左腳向右邁一步，左肩從前向後柔肩，雙臂在三位，雙手手心朝上。

(14)動作同(13)，方向相反。

(15)動作同(13)中的1~2拍。

(16)1~4拍：動作同(13)中的5~6拍，伴有兩次雙膝的屈伸動作。

　　5~8拍：動作同(16)中的1~4拍，方向相反。最後半拍從右側轉身，面對1點。

(17) 1~2拍	3~4拍	5拍	6拍
雙膝屈伸一次，右腳在前碎步向前走，雙臂在三位柔臂上提。	雙膝屈伸一次，右腳在前碎步向前走，雙臂在三位柔臂下壓。	雙膝屈伸一次，右腳在前碎步向前走，雙臂在三位柔臂上提。	雙膝屈伸一次，右腳在前碎步向前走，雙臂在三位柔臂下壓。

7拍	8拍	(18) 1~4拍	5~8拍
右腳向右邁一步，右肩從前向後柔肩，雙臂在三位，雙手手心朝上。	左腳向右邁一步落在右腳旁，左肩從前向右柔肩，雙臂在三位，雙手手心朝上。	雙膝伸直，右腳在前原地碎步，雙臂上下柔臂，一拍一動。	從左側轉身，面對5點，動作同1~4拍。

(19)動作同(17)。

(20)1~4拍：動作同(18)中的1~4拍。

　　5~8拍：雙腿伸直站立不動，雙臂柔臂速度逐漸減慢至停止不動。

圖 3-2-3（續）

組合（二）——蒙族硬腕組合

預备姿势	（1）1~4拍	5~8拍	（2）1~4拍
面向1點，小八字步，基本體態站好，雙手體側自然下垂。	體前雙手一位提壓腕，一拍一次。	二位手提壓腕，一拍一次。	三位手提壓腕，一拍一次。

5~8拍	（3）1~4拍	5~8拍	（4）1~4拍
四位手提壓腕，一拍一次。	右腳重心，左腳前點，同時雙手一位手提壓腕，一拍一次。	退左腳成左小踏步，同時雙手三位手提壓腕，一拍一次。	重心移至左腳成右腳前點，同時雙手一位手提壓腕，拍一次。

5~8拍	（5）1拍	2拍	3拍
左腳向2點上步成大踏步，右手到胸前，左手體側平伸，雙手提壓腕。	右腳向旁打開成雙腳重心大八字步，同時雙臂三位手提壓腕一次。	重心移至右腳，左手四位，右手三位提壓腕一次，伴有一次雙膝的屈伸動作。	左腳向旁打開成雙腳重心大八字步，同時雙臂三位手提壓腕一次。

圖 3-2-4

4 拍	5~6 拍	7~8 拍
重心移至左腳,右手四位,左手三位提壓腕一次,伴有一次雙膝的屈伸動作。	右腳向4點退步,左腳點地,上身右傾,右手插腰,左手四位手提壓腕。	動作同5~6,伴有兩次雙膝的屈伸動作。

(6)動作同(5),方向相反。

(7) 1~4 拍	5~8 拍	(8) 1~4 拍	5~8 拍
右腳在前左腳後,原地踏步,雙手體前一位提壓腕,兩拍一次。	左腳在前右腳後,原地踏步,雙手二位提壓腕,兩拍一次。	身體前傾,右腳在前左腳後,原地踏步,雙手體右側提壓腕,兩拍一次。	身體前傾,左腳在前右腳後,原地踏步,雙手體左側提壓腕,兩拍一次。

(9) 1~4 拍	5~8 拍	(10) 1~4 拍	5~8 拍
右腳向2點上步成弓箭步,重心在右腳,雙手一位提壓腕,兩拍一次。	重心後移到左腳,雙手體前一位提壓腕,兩拍一次。	右腳向右側橫邁一步,雙手三位提壓腕,兩拍一次。	左腳向左側橫邁一步,雙手三位提壓腕,兩拍一次。

(11)動作同(9),方向相反。

(12)動作同(10),方向相反。

(13)動作同(8)。

圖 3-2-4(續)

（三）藏族舞蹈

藏族是居住在青藏高原上歷史悠久的古老民族。「一順邊」是高原型農牧文化的民間舞蹈特徵。高原人民在生活勞動中形成了特有的藝術；「一順邊」就是我們俗話所說的「順拐」，都是以腰部為主要動作，延伸而成的獨特的動律。

藏族民間舞蹈中，松胯、弓腰、曲背（前微傾）等是常見的基本形象。

1. 基本手位、腳位

手位

垂肩：雙手自然下垂，在胯旁。

扶胯：雙丁扶在胯部略前。

腳位

自然位：雙腳八字位自然站立。

丁字位：一腳八字位，另一腳跟靠在腳窩處。

2. 基本動律

顫動

顫是藏族舞蹈的精髓元素。透過顫的練習使舞者能初步鬆弛的運用膝關節。方法：雙腿併攏，腳自然位，膝部微微顫動。

屈伸

以上身和腿部的屈伸為主，流動性強。方法：雙腿併攏，腳自然位，腿部上下屈伸。

組合——《天路》

主題：優美舞姿，把我們帶進青藏高原，藏族兒女對鐵路工人的敬佩，抒發了他們對家鄉發生巨變的感情。

風格特點：抒情、優雅、流暢、婉轉。

動作特點：手臂動作要求流暢，三步一點的腳部和三步一撩的手部動作，舞姿造型多變。

(1)　1~2 拍	3~4 拍	5~6 拍	7~8 拍
雙手從胸前向上撩起，右腿撩腿，雙手打開。	右腿打開，左腿彎曲，上身前微傾，行禮。	起身，雙手扶胯位置，身體後靠，右腳勾腳前點地，頭倒向7點。	方向相反，左腳勾腳前點地，頭倒向3點。

(2)　1~4 拍	5~8 拍	(3)　1~2 拍	3~4 拍
右手撩起向3點，右腳勾腳前點地，眼視8點。	方向相反，左手撩起向7點，左腳勾腳前點地，眼視2點。	掏右手，蓋左手，同時勾右腳。	方向相反，掏左手，蓋右手，同時勾左腳。

5~6 拍	7~8 拍	(4)　1~4 拍	5~8 拍
雙手平舉，從左劃到右，同時勾右腳。	方向相反，雙手從右劃到左，同時勾左腳。	雙手打開，左手在前上，右手在後下，向4點三步一撩，身體後靠。	方向相反，右手在前上，左手在後下，向6點方向三步一撩，身體後靠。

圖 3-2-5

(5) 1~4 拍

右手撩起向3
點，右腳勾腳前
點地，眼視8點。

5~8 拍

反面，左手撩起向
7點，左腳勾腳前
點地，眼視2點。

(6) 1~4 拍

掏右手，蓋左手，
同時勾右腳。
反面，掏左手，
蓋右手，同時勾
左腳。

5~8 拍

雙手平舉，從左劃
到右，同時勾右腳。
反面，雙手從右劃
到左，同時勾左腳。

(7) 1~4 拍

雙手平舉，右腳向
旁邁出，左腳勾腳
點地，頭倒向3
點。

5~8 拍

方向相反，向後走
三步，撩左腿。

(8) 1~4 拍

雙手扶胯位，右
腳勾腳點地，
點地兩次

5~8 拍

方向相反，左腳
勾腳，點地兩次。

(9) 1~4 拍

左腳向旁邁出，右
腳勾腳點地，頭倒
向7點。

5~8 拍

雙手向上撩起，
腳下向2點三步
一撩。

(10) 1~4 拍

方向相反，雙手向
上撩起，腳下向8
點三步一撩。

5~8 拍

雙手向胸前交叉，
右腳向旁邁。雙手
打開，左腳點地。

圖 3-2-5（續）

(11)　1~4 拍

5~8 拍

(12)　1~4 拍

5~8 拍

方向相反，雙手向胸前交叉，左腳向旁邊，雙手打開，右腳點地。	右腳向旁三步一點，雙手打開，左手向旁撩起。	右腳向旁邁出，左腳勾腳前點和後點，左手前撩經下後出。	方向相反，左腳向旁邁出，右腳勾腳前點和後點。

(13)　1~4 拍

5~8 拍

(14)　1~4 拍

5~8 拍

向右三步一撩，右手在前，左手在旁，在胸前劃到旁，右手向上撩起。	方向相反，向左三步一撩，左手在前，右手在旁，在胸前劃到旁，左手向上撩起。	身體對扣點，雙手交叉，三步一點，雙手打開，左手上右手下，身體向右靠。	方向相反，雙手交叉，三步一點，雙手打開，右手上左手下，身體向左靠。

(15)　1~4 拍

5~8 拍

(16)　1~4 拍

5~8 拍

雙手打開，身體微俯，向旁三步一點，右手從胸前撩起，眼看右手。	方向相反，雙手打開，身體微俯，向旁三步一點，左手從胸前撩起，眼看左手。	一步一點，雙手打開，身體向6點靠。方向相反，一步一點身體向4點靠。	雙手打開，圓場下後出，轉身對2點造型擺好。

圖 3-2-5（續）

（四）朝鮮族舞蹈

　　朝鮮族民間舞蹈以瀟灑、典雅、含蓄、飄逸而著稱。其民族保持著尚白、敬老、重禮節、喜潔淨的習俗。朝鮮舞蹈兼典雅優美、瀟灑柔婉、剛勁跌宕而有之的特色。

　　朝鮮舞蹈的基本體態特徵是垂肩、含胸、蓄腰、氣息下沉、鬆弛，透出一種外松內緊的含蓄美。

　　1. 基本手位

　　食指、中指自然伸直，無名指、小指自然微屈，大拇指接近中指。

　　圍手：雙手從前劃到後，圍著身體前後畫。

　　斜下手：雙手胯旁做提裙位。

　　平開手：雙手平舉。

　　斜上手：雙手斜上舉，手心向下。

　　扛手：雙手上舉，手肘微彎，手心向上。

　　2. 基本腳位

　　自然位：兩腳稍分開自然站立。

　　基本位：一腳腳尖朝斜前方，另一腳在後膝略彎出，腳尖點地。

　　大八字位：兩腳分開站立，腳尖朝斜前方。

　　前丁字位：一腳八字位，另一腳跟靠于一腳窩中。

　　組合——《新阿里郎頌》

(1) 1~4 拍	5~8 拍	(2) 1~4 拍	5~8 拍
打開雙手，一手翻腕向上扛手，同時抬腿勾腳。	落手，到提裙位，左腳向前邁，到自然位。	打開雙手，一手翻腕向上扛手，同時抬腿勾腳。	落手，到提裙位，右腳向前邁，到自然位。

圖 3-2-6

(3) 1~4 拍	5~8 拍	(4) 1~4 拍	5~8 拍
右腳向2點邁出，雙手向前平推，提手壓腕。	反面。	雙手平開，提到左耳邊，拍兩次，腳自然位。	反面。

(5) 1~4 拍	5~8 拍	(6) 1~4 拍	5~8 拍
雙手拍腿甩手，聳肩，一手8點斜下，另一手4點斜上。	雙手打開，腳向4點後退步。	雙手拍腿甩手，聳肩，一手2點斜下，另一手6點斜上。	雙手打開，腳向6點退步。

(7) 1~4 拍	5~8 拍	(8) 1~4 拍	5~8 拍
拍腿向左面拍手甩手，手臂放鬆，腳向前搓步。	反面。	雙手扛手，腳步向後碎步退。	反面。

(9) 1~4 拍	5~8 拍	(10) 1~4 拍	5~8 拍
雙手提裙，左腳提起，向2點邁出，立起腳尖一次。	後踢步向2點走四步，雙手平開，雙手交替搖手。	雙手提裙，左腳提起，向8點邁出，立起腳尖一次。	後踢步向8點走四步，雙手平開，雙手交替搖手。

圖 3-2-6（續）

（11） 1~4 拍	5~8 拍	（12） 1~4 拍	5~8 拍
左手單扛手，右手平開，向前邁步，換手。	反面，向後邁步。	向後圓場，雙手圍手，平開。	結束動作爲：轉身左手提裙，右手放在左肩前，左腳勾腳向2點抬起。

圖 3-2-6（續）

二、形體舞蹈

形體舞蹈是身體各部位協調運動所形成的各種富于節奏感，表現優美造型的韻律動作。它包括了形體身韻，形體舞姿等內容，在形體舞蹈訓練初期，以抓全身各關節的柔韌，靈活性和身體各部位基本姿態的規範訓練為主，並透過各種訓練，掌握身體各部分協調運動的方法，培養優美的姿態。

（一）徒手形體舞蹈

組合（一）

此組合是以基本手位和基本舞步串聯起來的組合進行訓練。此練習共分8個八拍舞蹈來進行。

預備姿勢	（1） 1~2 拍	3~4 拍	5~8 拍
面向8點右腳前五位站立，雙手一位準備。	雙腳五位，雙腿屈膝。	右腳向前擦地，雙臂二位。	左腳重心移到右腳呈左腳尖點地，雙臂打開至左手在上的五位手。

圖 3-2-7

(2) 1~2 拍	3~4 拍	5~8 拍	(3) 1~2 拍
左腳側點地，左手伸至側平舉，右手不動。	雙腳一位。雙膝半蹲，雙臂側平舉，手心向前。	右腳側點地，右臂經側至上舉，手心向內，左臂不動。	右腳經側向後畫圈，右臂經上到側平舉。

3~4 拍	5~8 拍	(4) 1 拍	2 拍
右腳收回五位。	雙臂波浪至一位手。	雙腳轉向正面。	右腳向側擦地，雙臂至二位手。

3 拍	4 拍	5~8 拍
雙腳半蹲，雙手經二位手打開七位手，手心向前。	重心移至右腳側點地，手臂不動。	右腳五位，雙臂波浪至一位手，同時身體轉向8點。

(5)同第一個八拍方向相反。
(6)同第二個八拍方向相反。
(7)同第三個八拍，方向相反。
(8)同第四個八拍，方向相反。

圖 3-2-7（續）

組合（二）

預備姿勢

基本站立，七位手。

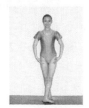

(1)　1~2 拍

左腳向前上一步，同時兩臂波浪呈一位手。

3~4 拍

左腳向前上步，同時右腳後點地，兩臂波浪至六位手。

5~8 拍

同1~4拍動作相反。

(2)　1~2 拍

左腳向側一步，同時兩臂波浪至一位手。

3~4 拍

左腳向側上步，右腳點地，兩臂波浪至右臂斜下舉，左臂斜上舉。

5~8 拍

同 1~4 拍動作相反。

(3)　1~2 拍

左腳向後上一步，同時兩臂波浪至一位手。

3~4 拍

左腳向後上步，右腳前點地，雙臂波浪至左臂前下舉，右臂後上舉。

5~8 拍

同1~4拍動作相反。

(4)　1~2 拍

左腳向側上一步同時兩臂波浪至一位手。

3~4 拍

左腳向側上步，同時右腳側點地，兩臂波浪至五位手。

圖 3-2-8

5~8 拍	（5）　1~2 拍	3~4 拍	5~8 拍
同1~4拍方向相反。	左腳向右斜方上一步，同時右臂上舉。	左腳向右斜方上步，同時左臂波浪至斜上舉，右臂斜下伸。	同1~4拍方向相反。

圖 3-2-8（續）

組合（三）

（1）　1~2 拍	3~4 拍	5~6 拍	7~8 拍
右腳向斜前方上步，雙臂自然下伸。	左腳向前斜方上步。	經屈膝左腿半蹲，右腳前點地，同時手臂經前繞至頭上舉。	右腳向前上步，左腳後點地，雙臂側平舉。

（2）　1~2 拍	3~4 拍	5~6 拍	7~8 拍
右側向側上步，左腳側點地，右臂由內繞環至頭上。	左側向側上步，右腳側點地，左臂由內繞環至頭上。	右腳向後上步，左腳前點地，雙手波浪至前平舉。	左腳向後上步，右腳前點地，雙手波浪至前平舉。

圖 3-2-9

(3) 1~4 拍	5~8 拍	(4) 1~4 拍	5~8 拍
左腳向前上一步，左手經二位打開至七位手。	右腳向前一步，右手經二位打開至七位手。	左腳上步，雙臂抬至三位。	雙手向後打開，同時身體波浪半蹲。上身含胸低頭。

(5) 1~4 拍	5~8 拍	(6) 1~4 拍	5~8 拍
左腳向前呈弓步，右腳後點地，雙臂胸前交叉。	雙腿保持不動，雙手向側打開至波浪。	右腳向前上步，同時打開至六位手。	右腳提踵轉體360度，左腿側擺腿，轉體時雙手頭上繞環。

(7) 1~4 拍	5~8 拍	(8) 1~4 拍	5~8 拍
右臂側平舉，左手從後搬起左側腿呈直角。	右臂保持七位，左手從後將左腿搬至成側搬腿。保持重心。	右腳前點地，左腿屈膝半蹲雙臂斜上舉。	右腳前點地，左腿屈膝半蹲雙臂下伸。

(9) 1 拍	2 拍	3~4 拍	5~8 拍
右腳前點地，左腿半蹲，右手體側彎曲，左手從左側至上舉。	雙手小波浪，同時雙腳墊腳站立。	向左側碎步快速移動，雙臂在左側小波浪。	雙腳墊腳站立，同時轉體360度，雙臂上下波浪，一拍一動。

圖 3-2-9（續）

(10) 1~2 拍	3~4 拍	5~8 拍	(11) 1 拍
右腳前點地，左腿直立，雙手波浪至斜下舉。	同1~2拍，做反方向。	雙腳併攏，雙臂經體側上舉，挺胸抬頭。	左腿弓步，右腳側點地，雙手從左側繞環。

2 拍	3~4 拍	5~6 拍	7~8 拍
左腳起踵直立，右腿側吸，雙手繞環至右上舉，下側腰。	右腳向左側上步成右弓步，雙臂側上舉，抬頭挺胸。	雙臂前波浪，同時帶動上體含胸低頭。	右腳前弓步，左臂經下抬至斜上舉，右臂後下舉，身體微後仰。

(12) 1~4 拍	5~8 拍	(13) 1~4 拍	5~8 拍
雙腿併攏，雙手斜下舉。	右腳向左後一步，腳尖點地，左腿半蹲，雙臂三位手。	雙臂經側打開至側平舉，雙手手心向上。肘微彎曲。	右腳向側弓步，左腳側點地，右臂後伸，左臂擺至胸前屈肘。

(14) 1~4 拍	5~8 拍	(15) 1~4 拍	5~8 拍
雙腿五位蹲，雙臂一位手。	右腳上步，左腿後點地，雙臂五位手。	左腳併右腳，雙腿屈伸，同時雙臂小波浪。	雙腿併攏，右臂胸前平屈，左臂後下伸。

圖 3-2-9（續）

(16) 1~4 拍	5~8 拍	(17) 1~4 拍	5~8 拍
左腳向前步，雙腿彎曲同時雙臂波浪放至斜下舉。	雙腿立直，左臂胸前彎曲。	雙腳小碎步，雙手經側波浪抬至側平舉。	右腿跪立，雙手波浪放於地面，同時低頭含胸。

(18) 1~4 拍	5~8 拍	(19) 1~6 拍	7~8 拍
保持跪立姿勢，右手臂慢慢向上抬波浪。	左臂慢慢向上抬波浪，頭跟著手臂動。	臀部坐地，雙腿分開，同時雙手撐地。	跪坐上體伏地。

(20) 1~4 拍	5~8 拍	(21) 1~4 拍	5~8 拍
跪立起，右臂波浪抬起。	右臂保持不動，左臂波浪抬起，頭隨著手臂動。	右腿跪坐，左腿後伸直，上身趴於右膝蓋，雙手波浪後背。	右腿跪立起，左腿後伸，雙手慢慢抬起，抬頭挺胸。

圖 3-2-9（續）

（二）器械形體舞蹈

扇子舞蹈組合

（1） 1~8 拍	（2） 1~4 拍	5~8 拍
走平步，右手劃扇，左手屈肘向後背手，交替擺動。(2拍一動)	右腳向8點上步，右手持扇從3點經過2點，1點劃向8點，扇子豎起來。	左腳併於右腳轉向2點，左手從側上三位手，右手經下繞至胸前握扇。

（3） 1 8 拍	（4） 1 4 拍	5~8 拍
身體轉向後方，上右腳，走平步，同時雙手抱扇，左右交替走。	身體轉向1點，用左助向8點傾靠，右腳上步屈膝，左右手扣扇。	身體前傾面向8點，雙腳併攏，雙手心朝上，向前展開到前舉，右手抖扇。

（5） 1~2 拍	3~4 拍	（6） 1~2 拍	3~4 拍
右腳前點地，左腿半蹲，右手從下向上劃翻立扇，左手搭在右肩上。	雙腿向前移重心。5~8拍重複1~4拍動作。	身體面向1點，左腿彎曲劃右手豎扇。	右腿彎曲右壓扇，手心向下。5~8拍重複1~4拍動作。

圖 3-2-10

(7) 1~2 拍

身體面向1點，右腳在前併攏，右手屈肘劃扇甩向8點斜下平扇，左手側上舉三位。

3~4 拍

右腳向前上步，左腿後點地，右手持扇側平舉，手心向上，左手放在腰後。

5~8 拍

左腳向2點落地，轉360度，雙手體側下伸。

(8) 1~2 拍

身體面向1點，左腳向7點上步，右腳點地，同時雙臂側平舉，右手虎口夾扇，身體向右側下腰。

3~4 拍

身體向2點轉，右腿在前併攏，右手持扇，在左側胯下，左手上舉。

5~6 拍

身體面向2點，屈左膝，右腳前點地，右手立扇，左手伏右手。

7~8 拍

身體轉向正面，右腿屈膝，右手持扇在右胯下，左手在左胯，手心向下。

(9) 1~2 拍

左腳踏跳，同時右腿屈膝後抬，右手胸前持扇，左手從右扇抬至側上方。

3~8 拍

小碎步從7點向右轉走1周。

(10) 1~5 拍

1拍1次，左右腳交替橫移相碰，同時，雙手從腹下沿著身體兩側向上打開至胯部兩側。

6~8 拍

身體前傾，雙腿屈膝立，右腳立半腳掌，左右腳跟抬起，雙臂側平舉打開，前後擺動1拍1次。

(11) 1~8 拍

平步向左走圓場繞一周，右手打開扇面提壓扇，左手放腹前，手心向下。

圖 3-2-10（續）

| (12) | 1~8 拍 | (13) 1~4 拍 | 5~8 拍 |

上右腳，雙手「∞」字向8點劃扇，再經過胸前向2點劃扇。左手跟著扇子「∞」字擺動。

雙腳小碎步後退，雙手持扇胸前端平，低頭含胸。

雙腳小碎步向後退，雙手經過胸前交叉開扇，右手夾扇，同時雙手打開至身體兩側。

| (14) 1~6 拍 | 7~8 拍 | (15) | 1~8 拍 |

上右腳，左轉身，右手「雲扇」繞頭一周。

身體轉向8點，雙腳併攏，左手後背，右手經3點向7點上舉抖扇。

右腳向前點地，頂右胯，同時右手提扇上舉，左手放至胯旁，3次點頭動律。

| (16) | 1~4 拍 | 5~8 拍 |

右腳勾腳向8點前上步，1拍1次，左手放至胸前，右手打開平扇，手腕上下提壓。

右腳向前上步，雙膝下蹲，雙手同時翻腕，左手側上舉，右手側平舉，打開夾扇。

圖 3-2-10（續）

(17)　　1~4 拍	5~8 拍
右腳向3點上步上身立起，雙手頭上雲手，打開至側平舉。	右腳向前點地，右手持扇從胸前向上劃，經過翻手立扇，同時左手放至右肩上。左胯側頂。

圖 3-2-10（續）

拿扇子技巧

　　持扇子的手一定要將扇子持緊、保持扇子是臂的延長線；手腕靈活，保證扇子在動作操作時的靈活性、協調性以及兩手換扇的技巧性。剛開始用左手打開扇子，一定很不習慣，告訴你一個竅門：打開時握扇不要太緊，用大拇指和食指握住扇子的一根扇骨，讓扇子面能夠開合自如；向開扇的方向用力，同時小拇指有意協調控制好；這樣才能夠使動作統一和整齊。

花球操組合

預備1~8拍		(1)　　1~2 拍	3~4 拍	5~8 拍
雙腳併攏站立略低頭。	雙臂向內繞環1周還原。	(1組)左腳向後1步，右臂胸前平屈左臂側平舉。	單腿跪立，左手插腰，右臂斜上舉。	(2組)動作同(1組)方向相反。

圖 3-2-11

(2) 1~2 拍	3~4 拍	5~6 拍		7~8 拍	
(3組)雙腳併攏站立,雙臂胸前平屈。	雙臂斜上舉。	3組的腿上姿勢同前,雙手胸前擊掌。	雙手至下展開。	雙臂胸前平屈雙肘外伸。	右臂胸前肘上屈,左臂不動。

(3) 1~2 拍		3~4 拍		5~6 拍		7~8 拍
雙臂經前至下展開。	雙臂側平,肩上屈。	雙臂向內至胸前,肩上屈。	前臂向前伸,繞至雙臂前平舉。	雙臂胸前交叉,抬頭。	雙臂外繞至前,斜平舉。	還原至體側。

(4) 1~2 拍	3~4 拍		5~6 拍		7~8 拍	
(1、2組)雙腿開跪立,(3組)雙腿開立,雙手擊掌2次。	雙手體側肩上屈,身體向左側屈。	動作相同,方向相反。	體向前屈,雙手觸地。	雙腿屈膝,雙手扶於膝。	左腳併右腳,雙臂上舉。	還原成立正。

(5) 1~2 拍	3~4 拍	5~6 拍	7~8 拍
左腳前跑,雙臂經側繞至上舉頭上交叉。	右腳前跑,雙臂經側向下繞至側左腿弓步斜下舉。	左腳前跑,雙臂向內繞環1周。	身體左轉,雙臂前斜下舉。

圖 3-2-11(續)

(6)　1~2 拍	3~4 拍		5~6 拍	7~8 拍
雙腿向後退1步，右臂斜上舉，左臂擺至體前斜下方。	身體經右轉體180度，右手體前斜上舉。	雙臂交換一次。	左腳併右腳，雙拳收回腰間。	左腿向體後一步成跪立，左臂向體後斜下方展開。

(7)　1~2 拍	3~4 拍	5~8 拍
身體左轉，右腿併左腿跪立，雙臂經體側置下。	左腿向前上步，單腿跪立，雙臂經體側至斜上舉。	右腿併左腿立正。

(8)　1~2 拍	3~4 拍	5~6 拍		7~8 拍
左腿向前一步頂左髖，雙臂斜上舉。	身體右轉180度，動作同1~2。	右腳側點地，右臂擺至側平舉，左臂胸前平屈。	動作同5，方向相反。	左腳收回，還原立正。

(9)　1~2 拍	3~4 拍	5~6 拍	7~8 拍
1組向上跳起雙臂上舉。	左腿在前蹲立雙手觸地。	2組　動作同1組。	3組　動作同1組。	4組　動作同1組。

圖 3-2-11（續）

(10)	1~2 拍		3~4 拍		5~8 拍
左腳向左一步頂左髖雙臂下展。	動作同1方向相反。		動作同1。	下肢動作同2雙臂上舉。	動作同1~4拍。

(11)	1~2 拍	3~4 拍	5~6 拍		7~8 拍	
向右前45度撑右膝，雙臂向內繞環至雙臂斜上舉。	右腳落回雙臂經側至下垂。	動作同1~2拍。	雙腿屈膝，右轉體跳，左臂側平舉，右臂胸前平屈。	動作同5拍。	同5拍方向相反。	還原立正。

(12)	1~2 拍	3~4 拍	5~6 拍		7~8 拍	
右腳向右，左腿側踢45度。	左腳併右腳立正。	動作同1~2拍。	左轉90度吸右腿。	還原立正。	左腿向前踢出。	還原立正。

(13)	1~2 拍		3~4 拍		5~8 拍
右腿向左45度吸腿跳，雙臂側斜向下擺。	右腳落回。	右腿向左45度踢腿跳。	右腳落回。		動作同1~2拍，方向相反。

圖 3-2-11（續）

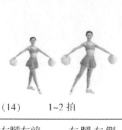  

(14)	1~2拍		3~4拍	5~6拍		7~8拍	
右腳左前點地。	右腳右側底點地。		右腳收回。	左腿向右45度吸腿跳。	左腳落回。	右腿向右45度踢腿跳。	右腳落回。

(15)	1~2拍		3~4拍	5~6拍	7~8拍
右腳後退，左臂側平舉，右臂胸前平屈。	動作同1拍，方向相反。	動作同1拍。	右腳後退，右臂上舉，左臂下垂。	左腳後退，雙臂繞至側平舉。	左右腳併攏立正。

(16)	1拍	2拍	3~4拍	5~6拍	7拍	8拍
右腳右側點地，右臂經體前向前平舉。	還原立正。	動作同1拍，方向相反。	還原立正。	屈膝原地跳2次，雙臂體前肘上屈。	雙腳開跳，雙臂經體側繞至斜上方。	還原立正。

(17)	1~4拍	5拍	6拍	7拍	8拍
	動作同(16)1~4拍。	左腿向前彈踢，雙臂前平舉。	左腳落地，右小腿後踢，雙臂向左伸展，左臂側平舉，右臂胸前平屈。	右腳向前彈踢，雙臂向右伸展右臂斜上舉，左臂胸前平屈。	還原立正。

圖 3-2-11（續）

(18) 1 拍	2 拍	3 拍	4 拍	5~6 拍	7~8 拍	
雙腳開跳,雙臂胸前平屈。	雙腳跳回,還原立正。	雙腳開跳,雙臂經體側斜上舉。	雙腳跳回,還原立正。	動作同1~2拍。	動作同3拍。	雙手還原。

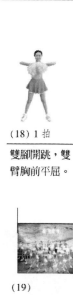

(19)	1 拍	2 拍	3 拍	4 拍	5 拍	6 拍	7 拍	8 拍
	雙腿開立,右手臂在胸前平屈。	右臂上舉。	右臂側舉。	右臂收回體側。	身體左轉45度,左臂斜上舉,右臂前平舉。	動作同5拍,方向相反。	雙腳跳合,屈肘,雙臂下展。	屈臂,雙臂上舉。

(20) 1 拍	2 拍	3 拍	4 拍	5~8 拍
雙腿開跳,雙臂前平舉。	雙臂胸前交叉。	雙腿成馬步,雙手扶膝。	身體左轉,成右腿跪立。	雙手於額前上方擊掌兩次。

(21)	1~4 拍	5~6 拍	7~8 拍
	重心後移,左腳併攏右腳,右手插腰,右臂向後繞至上舉。	右腳前踢後,向右側邁出,雙手還原於體側。	雙臂胸前平屈,雙手前推2次。

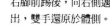

圖 3-2-11(續)

(22) 1 拍	2 拍	3~4 拍	5~6 拍	7~8 拍
雙手抱頭，左側頂髖1次。	右側頂髖1次。	體前屈，左手扶髖右臂前伸。	雙手背於腰後。	身體立起，雙臂肩上屈。

(23) 1~2 拍	3~4 拍	5~6 拍	7~8 拍
身體左轉90度，雙腳踏步。	身體右轉90度，雙腳踏步。	雙腳踏步，右臂向內。	右腳向右開跳，屈膝。 跳合手臂。

(24)	1~2~8 拍	
背向腳跟右轉，頂右髖，雙臂肩上屈，雙手右展。	動作同1，方向相反。	

(25) 1 拍	2 拍	3~4 拍	5~6 拍	7~8 拍
左腳前邁1步，右手扶於腹部。	右腳前邁1步，左手扶於腹部。	雙腳開立，雙臂斜上舉。	身體左轉90度，雙臂前平舉合掌。	身體右轉270度，左腳併右腳踮踱，雙臂上舉。

(26)	1~4 拍
同(1)1~4拍。結束。	

圖 3-2-11（續）

▌模塊三 形體塑造訓練

學習目標

● 瞭解形體塑造的基本方法

● 培養自我鍛鍊的能力

一、瑜伽

（一）瑜伽的起源

瑜伽起源于印度，由「Yoga」音譯而來，印度哲學六大門派中的一派；它作為一種古老的有益于身心的修煉方式，至今已有 5 000 多年的歷史。古印度語（梵文）「瑜伽」的詮釋是：「自我與原始動因的一致結合」，即「平衡」的意思。

（二）瑜伽的功能

1. 瑜伽——讓你享有「回歸自然」的感覺

瑜伽音樂緩慢優雅，充滿向四處瀰散的浪漫氣息，讓你有「回歸自然」的感覺。特別當配上相同節奏的身體操練，會使你感到每一塊骨骼，每一束肌肉都在徹底舒展，心靈也得以完全釋放，彷彿整個人置身于一個靜謐、祥和的至美境地。

2. 瑜伽——使你盡獲「醫療健身」之功效

瑜伽按「身心平衡」的哲學理念，要求在從事操練時，強調伸展全身肌肉、韌帶，塑造優美的身體曲線，保持柔韌的身材，並注重呼吸的方式與調節；所以不僅可以美化你的外在形象，還給你一種來自內心的力量，使之有利于達到減緩心理壓力、消除情緒紊亂的健身功效，具有良好的醫療健身價值。

（三）練習瑜伽時應注意的問題

1. 時間（Time）

練習瑜伽最好是在飯後兩三個小時之後為宜。清晨是個不錯的選擇，傍晚的練習更有助于解除一天的疲勞，讓人恢復精力。

2. 地點（Place）

練習地點對于瑜伽特別重要。儘可能選擇安靜、干淨、舒適、通風的地方。

3. 墊子（Mat）

應選擇一張由天然材料製成的薄厚、軟硬適中的墊子。

4. 著裝（Clothing）

瑜伽有大量的扭曲、伸展軀幹和四肢的動作，因此最好光腳、身著寬鬆的服裝進行練習。練習時除去手錶、腰帶或其他飾物。

5. 飲食（Diet）

儘量避免進食一些過于油膩、辛辣和容易導致胃酸過多的食物。練習結束後，30 分鐘～ 40 分鐘再進食。

6. 警言（Warning）

身體不適時不要勉強自己。做瑜伽練習時，每個動作適度而止。

（四）瑜伽基本動作（Basic Postures）

古印度人透過觀察大自然林林總總的動植物，發現它們具有體現旺盛生命力的超強自癒力與自治力。古印度人按照對動植物的模仿創立了 8 萬多個瑜伽姿勢，隨著時間的推移，目前僅存留下來幾百個歷經演變的精華動作，可供我們在鍛鍊中選擇。以下是一些簡易的瑜伽動作，適合入門者練習。

1. 伸臂功

方法

按基本站姿站立，兩手于胸前合十。吸氣，兩手慢慢舉至頭頂上方，挺胸，收腹，伸展脊柱；頭儘量後仰。呼氣，慢慢伸直上體，合十的雙手放于胸前，低頭放鬆。如圖 3-3-1。此動作重複 3 次。

圖 3-3-1

效果

擴展胸部、伸展頸部、伸展兩手臂及整個身體前側可以減除腹部多餘脂肪使腹肌平滑、有力同時增強胸椎、脊椎的彈性；增大肺活量。

2. 擴胸式

方法

按基本站姿站立，如圖 3-3-2。吸氣，兩手從旁分開，慢慢上舉至頭頂上方，雙手合十，儘量伸直肘部。呼氣，屈膝，臀部往下坐，身體重心下移，保持自然呼吸 30 秒～ 60 秒。吸氣，慢慢抬高身體。呼氣，兩手從旁分開，慢慢放下，放于體側。此動作重複 3 次後，閉眼放鬆全身。如圖 3-3-3。

圖 3-3-2

圖 3-3-3

圖 3-3-4

圖 3-3-5

效果

擴展胸部,增強胸大肌力量;增加肺活量,提高血液中氧的含量;延緩全身器官衰老;促進血液循環。女性常做此練習,有豐乳之功效。

3. 頂天式

方法

按基本站姿站立。吸氣,兩手臂前舉。如圖 3-3-4。呼氣,兩手臂側分,在體後十指相交;伸直肘部,手心朝內(如肘部不能伸直,切勿勉強);雙肩後收,夾緊背部。抬頭,伸展頸部;眼望上方;保持自然呼吸。呼氣,放鬆雙肩;雙手臂在胸前相抱;微微低頭,全身放鬆。吸氣,慢慢回覆到正中位置。此動作重複 2 ～ 3 次。如圖 3-3-5。

效果

擴展胸部,緊收腹部,緩解肩部疼痛及肩周炎。頸部前側得到伸展,消除下顎多餘脂肪,增強脊柱的彈性。

4. 腰軀搖擺功

方法

按基本姿勢站立。雙腿分開,屈肘,十指在背後相交。如圖 3-3-6。以腰部為支點,身體按順時針方向轉動3～5次,然後按逆時針方向轉動3～5次。如圖 3-3-7。

圖 3-3-6

圖 3-3-7

圖 3-3-8

效果

柔韌手臂，減少上臂多餘脂肪；減少腰、腹部多餘脂肪；按摩腹部內臟器官，增強腸胃功能，改善消化不良。

5. 側身伸展式

方法

按基本三角式站立。屈右膝，雙手側平舉。呼氣，以腰為軸，上體右轉，右手儘量觸及右腳以外的地面；左手指向天空，再繼續指向右前方。保持自然呼吸，體會從左腳外側沿腰左側，經腋窩、手臂到指尖伸展的感覺。如圖3-3-8。

圖 3-3-9

吸氣，右手離開地面，上體緩緩回到中間。呼氣，以腰為軸，上體左轉；在左側做同樣的練習。如圖 3-3-9。

效果

加強兩腿的力量，消除腰腹部多餘脂肪；柔韌脊柱，加強脊柱的彈性；鍛鍊身體的平衡感。

6. 束角式

方法

按基本坐姿坐好，屈膝腳心相對。雙手十指交叉，手心抱住腳尖；腳跟向後挪，儘量靠近會陰；伸直脊柱，伸直頸椎，眼望前方。如圖 3-3-10。

圖 3-3-10

呼氣，以腰部為支點，身體前傾，慢慢使整個身體貼近地面；前額貼近地面；肘部貼近膝蓋窩，將兩膝壓向地面，保持自然呼吸；停留20秒～30秒。吸氣，繼續以腰部為支點，慢慢抬起整個背部；抬起兩肘；伸直脊柱，放鬆。此動作重複3～5次。如圖3-3-11。

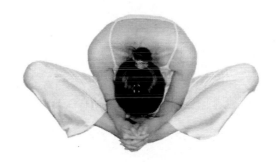

圖 3-3-11

效果

按摩腹部內臟器官，預防和緩解坐骨神經痛，預防腿部靜脈曲張。

7. 小橋式

方法

仰臥雙手放于體側，手心朝下，向上稍屈膝。吸氣，慢慢抬起臀部；伸直雙膝，收緊臀部保持此姿勢數秒。呼氣，慢慢放下所有抬起的部位；自然呼吸。此動作重複2～3次。如圖3-3-12。

圖 3-3-12

效果

強壯雙腿，強壯腰骶椎和背部；使腹部變得平滑、有力；使臀部變窄並上翹；身體前側全部得以伸展。

8. 後伸展式

方法

俯臥，兩手放于體側，手心向下。雙手在臀後十指交叉，伸直肘部。吸氣；兩肩後收，夾緊背部；手用力向腿的方向伸展；頭、頸、胸離開地面；大腿前側緊緊貼近地面；自然呼氣。呼氣，分開十指；將頭、頸、胸及雙臂輕輕地放落到地面。此動作重複 3 ～ 5 次。如圖 3-3-13。

圖 3-3-13

效果

增強脊柱的彈性，加強下背部力量，緩解腰背的疼痛；擴張胸部，增強胸肌的彈性，鍛鍊胸大肌；伸展頸部，延緩衰老。

9. 單腿前伸展式

方法

　　按基本坐姿坐好。屈左膝，左腳心緊貼左腹股溝處。呼氣，上體前移，儘量貼近右腿前側；雙手前伸抓住右腳尖。吸氣，抬頭；伸展整個背部。換左腿做同樣練習。如圖 3-3-14。

圖 3-3-14

效果

　　減少腹部多餘脂肪；伸展兩腿，預防膝關節疼痛及輕度關節炎；放鬆兩髖及腳踝；矯正扁平足。

10. 鞠躬式

方法

　　按基本站姿站立。兩手臂舉至頭頂，屈肘，手握另一手的肘部。呼氣，以腰部為支點，上體前屈 90 度，保持 30 秒～ 60 秒。

　　吸氣，慢慢抬起上體。呼氣，兩手臂側分，放于體側。此動作重複 3 ～ 5 次。如圖 3-3-15。

效果

　　延伸脊柱；對腹直肌和內臟器官有一定的益處；也可緩解腰、背部的疼痛。

圖 3-3-15

圖 3-3-16

11. 屈膝站立式

方法

　　按基本站姿站立。右腿屈膝，左腳心緊靠右大腿內側；左手抓住左腳背，將腳跟移至會陰處；腳尖指向下方右膝，大腿儘量向外側展；雙手合十于胸前。右腿平衡身體，慢慢將雙手舉至頭頂上方，做幾次伸長呼吸。呼氣，慢慢放下雙手臂及左腳。換右腳做同樣練習。每側做 2 ～ 3 次，回到基本站立式，放鬆。如圖 3-3-16。

效果

擴張胸部，提高平衡感，增強集中注意力的能力；使脊柱更穩固，體態更好。

12. 臀部平衡功

方法

按基本坐姿坐好。吸氣，屈膝，兩手抓住兩腳尖。呼氣，兩腳慢慢上舉，仲直膝蓋，身體以臀部著地保持平衡，自然呼吸 30 秒～ 60 秒。吸氣，屈膝收回腿。呼氣，鬆開兩手放于體側，兩腿向前伸直放鬆。此動作重複 2 ～ 3 次。如圖 3-3-17。

圖 3-3-17

效果

改善人體的平衡，減少腹部的多餘脂肪，強壯腰、背部，柔韌雙腿韌帶。

13. 腰軀轉動式

方法

按基本三角式站立。呼氣，以腰為軸，上身軀幹朝左方轉動；左手觸摸右側腰；右手觸摸左肩；右肘部與兩肩平齊；保持自然呼吸 30 秒～ 60 秒；體會右側腰部的拉伸。吸氣，回到中間。呼氣，轉右側做同樣練習。吸氣，回覆到基本三角式。此動作重複 2 次。如圖 3-3-18。

效果

增強脊柱的彈性，減輕長時間坐姿給脊椎、腰椎造成的壓力；減輕腰部疼痛，放鬆肩關節。

圖 3-3-18

圖 3-3-19

14. 鑽鬥式

方法

按基本站姿站立。兩腳分開；兩臂上舉；手腕放鬆，手指自然垂落。深吸一口氣，然後呼氣；以腰為軸，上體快速垂下，兩手臂在兩腿中間自然搖擺。吸氣，以腰為軸，由下背經中背、上背到頸椎、頭，依次逐漸抬高上體。此動作重複 3 次。如圖 3-3-19。

效果

滋養脊柱神經，安神補氣；消除緊張的神經，清新頭腦。

15. 瑜伽調息

呼吸是聯繫生理和心理的橋樑，是瞭解生理狀況和心理狀況的窗口。正常的呼吸是身心健康的基礎，也是瑜伽修煉的靈魂。調息的目的既在身體方面，也在精神方面。

方法

以一種舒適的瑜伽坐姿打坐，合雙眼。在練習時始終要放鬆。用力做呼氣的過程，讓吸氣自發地慢慢進行。每次呼氣之後，只做一剎那的懸息，然後慢慢吸氣。呼氣 50 次之後，在做第 51 次呼氣時，儘量呼盡肺部的氣體。懸息時一起做收頜收束法、收腹收束法和會陰收束法。在做瑜伽調息練習時，應集中精力意守兩眉之間的眉心；儘量長時間地懸息，但以感到舒適為限；然後解除三種收束法，慢慢吸氣；此為 1 個回合。做 25 個回合。如圖 3-3-20。

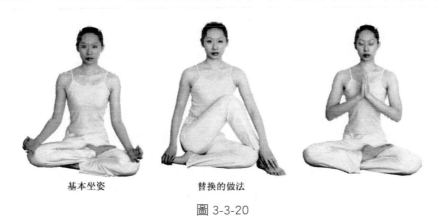

基本坐姿　　　　替換的做法

圖 3-3-20

效果

調息法可使腹部肌肉、脾臟、肝臟和胰臟活動旺盛；潔淨和加強肺臟功能。

注意：不可在空氣汙濁的地方練習。

16. 瑜伽冥想

瑜伽冥想的目的在于獲得內心的和平與安寧，可以與呼吸法同步練習。

方法

以一種舒服的姿勢靜坐。閉起雙眼或微睜雙眼，做 5 次完全的呼吸。繼續做完全呼吸，以感到舒適為限度，與呼氣過程一樣長誦唸瑜伽音「噢—姆」。吟誦練習約 10 次。然後呼氣和吸氣時都在心裡對自己念「噢—姆」音，每次吸氣，感到身體每一個細胞都充滿了這種和平、寧靜和力量。每次呼氣，感到無數的「噢—姆」音把這和平傳播到整個環境、整個宇宙以至一切生靈上去。練習此至少 50 次。如圖 3-3-21。

圖 3-3-21

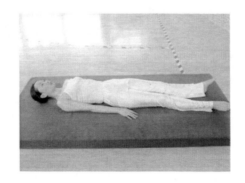

圖 3-3-22

17. 身體放鬆

身體放鬆法主要是透過瑜伽的調整姿態（調身）、呼吸（調息）、意念（調心）而達到松、靜、自然的放鬆狀態。

方法

練習者靜臥，微閉雙眼，深沉吸氣，慢慢呼氣，精神安寧，注意呼吸節律；使全身放鬆，體驗全身肌肉放鬆後無力的舒適感。同時暗示：「全身肌肉放鬆後，精神得到充分放鬆，四肢不能動了，眼睛睜不開了，腦子也不想了，睡吧！睡吧！睡著了，精神徹底放鬆解脫了……」如圖 3-3-22。

　　──「伸展運動」的秘訣──

　　瑜伽運動的主要動作是伸展運動，按科學方法把軀體和四肢伸展開是保證塑造健美形體的先決條件。實踐證明，過于強烈或加速伸展肢體，非但達不到健美形體的目的反而會使肌肉變得僵硬。在做瑜伽健美操時，要緩慢地做好每一個伸展動作，讓肌肉一張一弛地拉伸才能達到健美形體的效果。

二、彼拉提斯

　　（一）彼拉提斯的概念、特點和功能

　　彼拉提斯（Pilates）是一種鍛鍊方法，由 Joseph Pilates（約瑟夫·彼拉提斯）（見圖 3-3-23）創立並推廣，因此用他的名字命名。它是集瑜伽、武術、希臘的古老健身方式為一體的訓練方式，長期鍛鍊可以培養平衡能力，並均衡機體。彼拉提斯最早用于運動機能的恢復理療，呼吸和運動的配合是它的訓練核心。普提拉強調人的呼吸對人體運動的影響，適合任何年齡的人群，特別是運動比較少的人。彼拉提斯最大的特點是運動強度不大，講究運用控制、拉伸、呼吸等練習手段，對腰、腹、臀等部位的塑造有著很好的幫助。就連久坐造成的肩痛、腰酸或是肌肉不適等問題，都可以透過彼拉提斯運動來改善。

彼拉提斯運動之父
約瑟夫・彼拉提斯

圖 3-3-23

（二）練習彼拉提斯的要求

1. 著裝

練習彼拉提斯時，應穿著寬鬆舒適的衣服，脫掉鞋和襪子，在墊子、床上或一塊綠地上，你都可以進行彼拉提斯的練習。

2. 呼吸

要想學會彼拉提斯，首先就要學會呼吸。彼拉提斯的呼吸與我們日常的呼吸正好是相反的，它要求運動者在呼氣的時候學會運用腹部的肌肉。

彼拉提斯腹式呼吸法

1. 用鼻子吸氣，用嘴呼氣，講究呼氣的深度，儘可能地運用腹式呼吸的方法。

2. 呼吸的速度不宜太快，與動作的速度應基本一致，不要憋氣進行訓練。

3. 運動時注意呼氣，靜止時注意吸氣。這樣可以緩解因肌肉用力而給身體內部帶來的壓力。

4. 透過控制呼吸，把注意力集中在呼吸上，減少人對肌肉痠痛的敏感度。

（三）彼拉提斯組合

1. 單腿畫圈

練習方法

平躺于墊上，雙臂放于體側；一腿上舉，另一腿伸直或彎曲放于地上；腹部收緊；腰背部緊貼地面；吸氣時上腿畫圈，呼氣時回到起點停住。一個方向做 10 ～ 12 次，然後換反方向做 10 ～ 12 次。如圖 3-3-24。

注意：腿繞環幅度不要太大，保持臀部平穩，髖關節不動。

圖 3-3-24

圖 3-3-25

2. 單腿伸展

練習方法

　　仰臥，上體抬起，肩膀離地；左腿伸直，右腿彎曲；右手抱住腳踝，左手抱膝；呼吸 1 次交換腿。重複上述動作，左右兩側各交換 10 ～ 12 次。如圖 3-3-25。

　　注意：上體不要放鬆，上背部離地。

　　鍛鍊部位：腹肌及大腿肌群

3. 雙腿伸展

練習方法

　　仰臥，上體抬起，肩膀離地；雙膝收到胸前；團緊身體，雙手抱膝；吸氣伸展全身，呼氣收回至初始狀態。重複 10 ～ 12 次。

　　注意：上體始終保持不動，打開身體時，雙臂從前到上，收回時則從旁邊收到抱膝。如圖 3-3-26。

圖 3-3-26

　　鍛鍊部位：腹肌及大腿肌群

4. 側臥抬腿

練習方法

　　側臥，保持頭、肩、髖在一條直線上；雙腿稍向前，右腿于左腿後屈膝；腳尖蹬地，腳後跟抬起；左腿勾腳外懸，向上抬起與髖同高時呼氣，還原時吸氣。換腿練習，左右兩側各做 10 ～ 12 次。

　　注意：肩膀放鬆，上體不要鬆懈。如圖 3-3-27。

圖 3-3-27

鍛鍊部位：大腿內側肌群

5. 身體控制

練習方法

臂肘撐地，跪立；雙腿向後伸出雙腳腳尖著地；身體挺直成一條直線。保持此姿勢 10 秒，自然呼吸。如圖 3-3-28。

注意：做此動作時要有控制，呼吸自然，不要屏氣。在有困難完成時，可用膝關節支撐地面，膝關節儘量遠離手。

鍛鍊部位：腹肌及腰、背部肌肉

圖 3-3-28

圖 3-3-29

6. 屈膝外展

練習方法

跪撐手臂和身體，大腿和身體、大腿和小腿均保持在 90 度的位置。呼氣時左膝外展至水平，吸氣時還原。左右各做 10 ～ 12 次。如圖 3-3-29。

注意：動作緩慢，要有控制，保持各關節的垂直狀態和身體的平衡。

鍛鍊部位：外側臀大肌

7. 單腿上伸

練習方法

雙臂肘撐地，跪立；左腿膝關節朝下，屈膝，腳尖向上；呼氣時左腿沿腳尖方向上伸，吸氣時動作還原。左右各腿做 10 ～ 12 次。如圖 3-3-30。

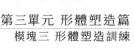

圖 3-3-30

注意：動作緩慢，要有控制，使腳尖儘量保持向上。

鍛鍊部位：臀大肌下緣和大腿後側肌群

8. 側臥擊腿

練習方法

側臥，左臂肘撐，身體呈一條直線。臀略後坐，右腿側舉 45 度控制，然後呼氣時左腿上舉擊打左腿，吸氣時左腿還原。左右各腿做 10 ～ 12 次。如圖 3-3-31。

注意：動作緩慢，要有控制，保持正確的身體姿態。

鍛鍊部位：側腹肌、大腿內側肌

圖 3-3-31

圖 3-3-32

9. 仰臥挺髖

練習方法

　　仰臥，雙手放于體側，雙腿屈膝 90 度，雙腿分開同肩寬。然後呼氣髖向上挺起至最高點，停頓 2 秒，再吸氣時動作還原。做 10 ～ 12 次。如圖 3-3-32。

　　注意：動作緩慢，要有控制，雙腳的前後位置可根據自己練習部位的感覺情況來調整。

　　鍛鍊部位：臀大肌、大腿後群肌肉

10. 卷腹起身

練習方法

　　仰臥，雙手胸前交叉，雙腿屈膝 90 度，雙腿分開同肩寬，呼氣時上體捲起，吸氣時身體還原。做 10 ～ 12 次。如圖 3-3-33。

圖 3-3-33

注意：動作緩慢，要有控制，身體捲起時，腰部始終保持與地面接觸。

鍛鍊部位：上腹肌

專家提示

「腹式呼吸」是關鍵

做彼拉提斯動作時應重點體會肌肉的協調用力；儘量不借助外力；不要屏氣，要保持呼吸的流暢自然，深呼吸時讓氣達到腹部；不要借助慣性做動作；每個動作要按順序進行，儘量使動作精確到位，質量比數量更重要。但要想求得最佳效果，關鍵在于強調「腹式呼吸」，即要求在呼吸時學會運用腹部肌肉。

三、器械健美

（一）平凳啞鈴推舉

練習方法

平臥于健身凳上；雙腳平放在地上；由肩膀的正上方向上伸直雙臂，手掌朝前，手腕伸直；收腹。屈肘放下重物，肘部稍低于肩的位置，伸直雙臂回到原位。注意不要拱背，手臂與胸成 90 度。每組 15 次，練習 3 ～ 4 組。如圖 3-3-34。

圖 3-3-34

鍛鍊部位：胸肌、肩部和三頭肌

（二）平凳啞鈴展臂

練習方法

　　平躺于健身凳上；雙手持啞鈴；雙腳平放于健身凳上（或地上）；由肩膀的正上方向上伸直雙臂，手掌朝裡相對，手腕伸直；收腹。弧線屈肘，雙臂放下後，再向兩側伸直至雙肘與肩平行。伸直雙臂，還原。動作的最低點時雙臂形成一個淺淺的「W」；雙臂放下的位置不能過低，否則會給肌腱造成不必要的壓力。注意始終收緊腹部，以免背部拱起。每組 15 次，練習 3 ～ 4 組。如圖 3-3-35。

圖 3-3-35

　　鍛鍊部位：胸肌、肩部肌肉

圖 3-3-36

圖 3-3-37

　　（三）上斜俯臥撐

練習方法

雙手撐在 50cm ～ 70cm 的長凳上。身體下壓，胸與手平行，再用力撐起。向下壓時呼氣，向上撐時吸氣。始終保持正頭、挺胸、直腰。每組 15 次，練習 3 ～ 4 組。如圖 3-3-36。

鍛鍊部位：胸肌

（四）坐姿啞鈴推舉

練習方法

雙手各持一啞鈴，身體坐于凳上（最好有靠背）；手掌朝前，彎曲肘部抬手臂，與肩齊；收腹。慢慢將啞鈴上舉至雙臂完全伸展，放下啞鈴至肩水平。舉起啞鈴時呼氣，放下時吸氣。在最高點時肘不要過度伸展，雙臂與雙肩始終保持同一垂面；放下啞鈴時動作要緩慢。每組 8 ～ 15 次，練習 3 ～ 4 組。如圖 3-3-37。

鍛鍊部位：肩部肌肉

（五）啞鈴側平舉

練習方法

直立，同時重心略向前傾；雙膝微屈，將啞鈴置于大腿前；掌心相對肘微屈。在肘和上肩的引導下緩慢由身體兩側提起啞鈴，直至腕與肩的高度平行，停留片刻然後緩慢放下啞鈴，還原。注意在整個過程中輕輕屈肘，不需要把重物舉到肩部以上的位置。始終收緊腹部。每組 10 ～ 15 次，練習 3 ～ 4 組。如圖 3-3-38。

鍛鍊部位：肩部肌肉

圖 3-3-38

圖 3-3-39

（六）坐位俯姿側平舉

練習方法

　　坐于平凳上，雙腳併攏平放在地上；屈髖使身體向前傾，保持肩背平直。拿起一對啞鈴，掌心相對；雙臂自然懸掛，肘微屈；保持胸部低垂，由兩側舉起啞鈴，過程中保持肘和軀幹的穩定。在動作到最高處時停留片刻，然後緩慢下降，還原。始終保持收緊腹部，不要弓背。每組 10 ～ 15 次，練習 3 ～ 4 組。如圖 3-3-39。

　　鍛鍊部位：上背部、肩後部肌肉

　　（七）啞鈴彎舉

練習方法

　　兩手在體側各持啞鈴，保持上體微微前傾；掌心向前，保持上臂固定不動；將啞鈴彎舉至肩前，慢慢控制用力還原。舉起啞鈴時呼氣，同時注意身

體不要向後搖晃；放下啞鈴時吸氣，同時注意力要集中，動作要緩慢。每組
10～15 次，練習 3 組。如圖 3-3-40。

圖 3-3-40

鍛鍊部位：肱二頭肌

（八）仰臥啞鈴臂屈伸

練習方法

　　兩手各握一個啞鈴，平躺在凳了上；雙腳平放在地上；兩臂在肩膀上方
伸直，手掌朝裡。慢慢屈肘，手持啞鈴緩緩放下，于頭頂上停留片刻，然後
將手臂還原。保持肩部穩定，只用肘來移動啞鈴。握啞鈴時要集中精神，避
免意外傷害。每組 8～15 次，練習 3 組。如圖 3-3-41。

圖 3-3-41

鍛鍊部位：三頭肌

（九）頸後啞鈴臂屈伸

練習方法

單手握住一個啞鈴，手臂向上伸直，肘關節不完全伸展，然後前臂慢慢放下，直至與地面平行，用力向上推舉到最高點後，使肱三頭肌充分伸展，完成重複動作後換手臂。肘關節，穩定不動，控制用力，不要甩動手臂。每組 10 ～ 15 次，練習 3 組。如圖 3-3-42。

鍛鍊部位：肱三頭肌

（十）體後臂屈伸

練習方法

坐在一把穩固的椅子邊緣，雙手放在兩側抓住座位下側，雙腿朝前伸出，腳跟著地，腳趾抬起（或雙腳平放在地上），臀部滑離座位。收腹，保持上身挺直。屈肘，身體朝地面下沉，直至上臂與地面平行或稍高一點，再將身體壓回到起始位置。伸直雙臂時呼氣，彎曲雙臂時吸氣。一定要屈肘，讓身體下沉，肩膀不要前後移動。每組 10 ～ 15 次，練習 3 組。如圖 3-3-43。

鍛鍊部位：肱三頭肌、肩部肌肉

圖 3-3-42

圖 3-3-43

模塊四 常見的形體缺陷與矯正方法

學習目標

● 正確對待常見的形體缺陷

● 學會對形體缺陷的矯正方法

　　良好的體態、健康的體魄、端莊的儀表是空服人員應當具備的基本條件。但有時因為不良的行為習慣而引起的形體缺陷，會使愛美的空服專業的大學生痛苦不迭。那麼如何修正自身的形體不足呢？本節主要採用一些徒手、輕器械等簡單易行的練習方法，有針對性地對形體缺陷進行矯正和預防。

一、頭頸部前伸

　　形成原因：

　　頭頸部前伸的形體缺陷主要是由于學生長期採用不正確的學習姿勢所造成的。其表現為站立和坐立時，頸部過分前伸，頸部與頭部不能與肩部保持在一條垂線上。如圖 3-4-1。

圖 3-4-1

●矯正方法（一）：頸屈伸展

　　站立或坐立屈頸使下顎貼近頸前部，保持下顎內收；頸向後收至極限，然後做向前伸頸的動作，再收至還原。注意：不能使下顎向下運動。在此姿勢下做示圖伸頸的動作，保持幾秒鐘，然後放鬆，重複 5 ～ 10 次。如圖 3-4-2。

圖 3-4-2

●矯正方法（二）：靠牆立頸

　　兩腳距離牆 30cm ～ 50cm 靠牆站立，緊收下顎；頭頸部盡力貼靠牆面，堅持幾秒鐘，放鬆。重複 5 ～ 10 次。如圖 3-4-3。

圖 3-4-3

●矯正方法（三）：頸繞環

站立或坐立，360 度繞環頸。順時針繞環 5 ～ 10 次，然後逆時針再繞 5 ～ 10 次，繞環時收緊下顎。重複做 3 組。如圖 3-4-4。

圖 3-4-4

●矯正方法（四）：屈腿仰臥

屈腿仰臥，全腳掌著地。頸後伸時迫使頭頸著地，並且使背部平貼地面。保持 5 秒，重複 5 ～ 10 次。如圖 3-4-5。

●矯正方法（五）：前屈壓肩

兩臂上舉，軀幹前屈，用手扶牆或把桿，胸部向下用力壓，保持幾秒，使壓力置于肩部伸肌上。重複 10 ～ 20 次。如圖 3-4-6。

圖 3-4-5

圖 3-4-6

二、高低肩

形成原因：

兩肩高低不平是因為經常用同一側的肩膀挎包、扛東西或用同側手提重物。使一側的肩部常處于緊張狀態，久而久之，一側的肩部有明顯斜肩，從而導致兩肩的不平。如圖 3-4-7。

圖 3-4-7

●矯正方法（一）：雙肩上提

面向鏡子站立，兩手持啞鈴下垂于體側。要求身體正直，兩手用力均勻，雙肩端起同時吸氣，使雙肩保持在一個水平面上，停留 10 秒～ 30 秒，然後沉肩，重複 10 次為一組，共練習 3 組。如圖 3-4-8。

●矯正方法（二）：單肩上提

面向鏡子站立，上體正直。低肩的一側手斜下擺做提肩練習 20 次，另一隻手自然下垂。反覆練習 3 組。如圖 3-4-9。

●矯正方法（三）：單肩側繞

面向鏡子自然站立，低肩的一側手持啞鈴，向側繞至單臂側上舉，另一隻手叉腰。重複 15 次為一組，共練習 3 組。如圖 3-4-10。

圖 3-4-8

圖 3-4-9

圖 3-4-10

三、駝背

形成原因：

造成駝背的原因在于：平常不注意保持正確的身體姿勢，背部肌肉不主動用力，致使背部肌肉鬆弛無力，從而導致駝背的形成。如圖 3-4-11。

●矯正方法（一）：前屈壓肩

兩臂上舉後軀幹前屈，用手扶牆或把桿，胸部向下用力壓，保持幾秒鐘，同伴幫助其向下沉壓，使壓力置于肩部伸肌上。如圖 3-4-12。

●矯正方法（二）：扶牆壓肩胸

雙腿開立，面向牆面，雙手上舉，手扶牆面，腰部下塌，頭向後仰起，將胸部貼到牆面上，保持 15 秒為一組，共練習 3 組。如圖 3-4-13。

圖 3-4-11

圖 3-4-12

圖 3-4-13

●矯正方法（三）：後握振臂

　　兩腳併攏，自然站立，兩手于體後相握，兩臂向上擺動，同時注意收腹、挺胸、抬頭。重複 15 次為一組，共練習 3 組。如圖 3-4-14。

圖 3-4-14

圖 3-4-15

●矯正方法（四）：平屈擴胸

兩腿併攏，自然站立，兩手持啞鈴。兩臂胸前平屈向後擴胸，同時兩肩向側打開，肘關節儘量端平。重複 20 次為一組，共練習 5 組。如圖 3-4-15。

●矯正方法（五）：俯臥兩頭起

俯臥在墊子上，兩手抱頭同時吸氣，頭、胸、腿同時向上抬起，使身體呈背弓形，控制 5 秒～ 8 秒；吸氣，還原。反覆練習 15 ～ 20 次為一組，共練習 2 組。如圖 3-4-16。

圖 3-4-16

四、塌腰

形成原因：

塌腰主要是由于沒有養成收腹立腰的習慣，使腰椎長年累月處于負重狀態，使腰椎的正常的生理彎曲加大，久而久之形成「塌腰」的不良姿態。如圖 3-4-17。

圖 3-4-17

●矯正方法（一）：仰臥屈體

由仰臥開始做收腹舉腿至屈體，使髖部和軀幹成 10 度～20 度的夾角，頸部與頭部要貼近地面，保持 5 秒～10 秒，重複 5～10 次。如圖 3-4-18。

圖 3-4-18

●矯正方法（二）：骨盆前傾斜

站立時，以意念使神經衝動支配髖部伸即產生大範圍的收縮，並要靜止5 秒，然後還原。重複 5 ～ 10 次。如圖 3-4-19。

●矯正方法（三）：獵貓

跪撐于地面。練習時含胸低頭，使脊柱向上拱起並保持 5 秒，然後還原。重複 5 ～ 10 次。如圖 3-4-20。

●矯正方法（四）：屈腿仰臥起

仰臥腳掌要著地；練習時屈髖、膝，同時頸部也開始向前慢屈，使背部抬離地面 45 度。重複 5 ～ 20 次。如圖 3-4-21。

圖 3-4-19

圖 3-4-20

圖 3-4-21

●矯正方法（五）：仰臥舉腿

仰臥于地，雙手鉤握一牢固物體，然後屈腿，使大腿和髖關節、大腿和小腿各成90度角後，將腿上舉使背部離開地面，保持5秒～10秒。重複5～10次。如圖 3-4-22。

圖 3-4-22

五、脊柱側彎

形成原因：

脊柱側彎就是指人的脊柱往一側彎曲或傾斜，普遍表現為兩肩高低不等，腰側凹不對稱，同側背部隆起等。形成的主要原因是長期身體側向屈體所造成的，例如學習時左手臂不放桌上寫字、扭轉身體伏案書寫等，長此以往就會形成脊柱側彎。如圖 3-4-23。

圖 3-4-23

●矯正方法（一）：體側屈

雙腳開立，自然站立，脊柱側凸一方手臂向另一側下腰擺動，同時另一手臂在腰後。脊柱向相反方向最大限度下側腰，控制 5 秒～ 8 秒，還原。重複 15 次為一組，共練習 3 組。如圖 3-4-24。

圖 3-4-24

●矯正方法（二）：轉體

雙腳開立，雙手持啞鈴，彎曲雙臂，胸前平舉；扭轉軀幹，脊柱凸出的方向做體轉運動。動作過程中要注意雙腿伸直，雙腳不要離開地面。反覆練習 20 次為一組，共練習 3 組。如圖 3-4-25。

●矯正方法（三）：跪立後舉腿

跪立，兩手掌體前撐地，將脊柱側凸一方的腿用力向後上方抬起；抬腿時，挺胸，抬頭，動作要快。控制時後腰肌用力加緊，停留 8 秒～10 秒，還原。重複練習 20 次為一組，共練習 3 組。如圖 3-4-26。

圖 3-4-25

圖 3-4-26

六、「O」形腿

形成原因：

「O」形腿是由于遺傳或大腿內收肌群力量薄弱所造成的膝關節內翻現象。測量方法是：雙腳踝部併攏，雙膝不能靠攏。呈「O」形腿；兩膝間距3cm 為輕度，3cm 以上為中度，5cm 以上為重度。越年輕矯正，效果越顯著。如圖 3-4-27。

圖 3-4-27

●矯正方法（一）

雙腳開立，上體前傾；兩手扶于膝關節，雙手向內用力，蹲時要大腿貼住小腿，控制 5 秒～ 8 秒，重複練習 10 ～ 15 次為一組，共練習 3 組。如圖3-4-28。

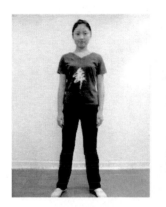

圖 3-4-28

圖 3 4 29

●矯正方法（二）

坐立，雙腳開立；雙手扶膝關節處用力向下壓膝，壓膝時兩腳著地。停留 20 秒～ 30 秒，重複練習 10 次為一組，共練習 2 組。如圖 3-4-29。

●矯正方法（三）

雙手扶把桿，雙腳併攏，雙膝間用力夾緊，雙腳立踵上提，停留 10 秒。為增加夾緊的程度，兩膝間可夾一物體。保持所夾物體不掉落，物體的厚度可逐減。每組重複練習 10 次為一組，共練習 5 組。如圖 3-4-30。

圖 3-4-30

七、「X」形腿

形成原因：

「X」形腿，是指股骨內收內旋和脛骨外展外旋所形成的一種骨關節異常現象。測量方法：站立，兩膝併攏而兩腿不能併攏，中間距離為 1.5cm 以上的均屬「X」形腿。矯正「X」形腿困難較大，但長期堅持練習，也有很好的效果。如圖 3-4-31。

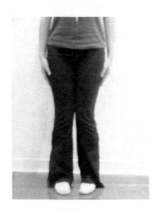

圖 3-4-31

●矯正方法（一）

坐立，雙腿分開至最大限度，雙腳掌相對，雙手扶膝，用力向下壓膝。停留 5 秒，重複練習 10 ～ 15 次為一組，共練習 5 組。如圖 3-4-32。

●矯正方法（二）

坐立，雙腿伸直，併攏。右腿屈膝，右腳放在左膝上。左手托住右腳腕向上用力，右手扶右膝向下用力壓膝，壓至最大限度，然後還原。每條腿重複練習 15 ～ 20 次後換另一腿練習為一組，共練習 4 組。如圖 3-4-33。

●矯正方法（三）

站立，雙手扶把桿，雙腳夾物體，立踵上提。雙膝儘量保持併攏，雙腳用力向內夾物體，雙足最大限度立踵。重複練習 10 次為一組，共練習 3 組。如圖 3-4-34。

圖 3-4-32

圖 3-4-33

圖 3-4-34

八、八字腳

形成原因：

「八字腳」是由于個人的不良習慣所造成的。「八字腳」分為兩種，有內「八」字和外「八」字之分，走路時如果兩腳尖向外撇稱為外「八字腳」。走路時如果兩腳尖向內扣稱為內「八字腳」。如圖 3-4-35。

●矯正方法（一）

平時走路時，應該注意自己的膝蓋和腳尖是否正對前方。也可畫一條線練習走路時腳尖落在直前方。如圖 3-4-36。

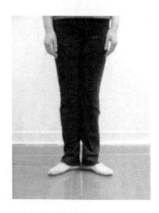 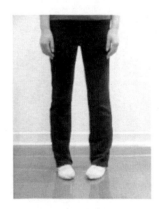

圖 3-4-35

圖 3-4-36

●矯正方法（二）

雙腿開立，雙腳平行，雙膝彎曲半蹲，有意識在空中把腳尖矯正在前方，落地後檢查腳尖是否對正前方。重複練習 10 次，共練 3 組。如圖 3-4-37。

 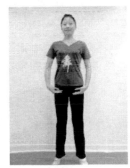 

圖 3-4-37

九、大腿過粗

形成原因：

大腿粗主要是由于腿部肌肉比較發達，或是由于缺乏腿部的鍛鍊而引起的皮下脂肪較多所造成的。如圖 3-4-38。

圖 3-4-38

●矯正方法（一）

1. 前踢腿：仰臥地面，雙腿併攏，雙手放于體兩側，右腿向上踢起，在空中停留 5 秒，重複練習 20 次。換左腿做畢為一組。共練習 3 組。

2. 側踢腿：側臥地面，雙腿併攏，雙手放在體前方，右腿向上踢起，在空中停留 5 秒，重複練習 20 次。換左腿做畢為一組。共練習 3 組。

3. 後踢腿：跪立，雙手掌撐于地面，右腿伸直點地，左腿向上踢起，在空中停留 5 秒，重複練習 20 次。換右腿做畢為一組，共練習 3 組。如圖 3-4-39。

要求：前、側、後踢腿時儘量迅速抬起，膝蓋不能彎曲，雙腳繃起，不要停頓，連續完成。

圖 3-4-39

●矯正方法（二）

仰臥，雙腿伸直，然後雙腿緩慢向上彎曲腿儘量貼近胸。慢慢向上伸直腿與身體垂直，還原。要求：雙腿夾緊，儘量控制姿勢，勻速進行。重複練習 15 次為一組，共練習 3 組。如圖 3-4-40。

圖 3-4-40

●矯正方法（三）

仰臥，雙腿伸直；雙腿向上抬起 3cm，控制住。右腿彎曲貼近胸，右腿伸直時換左腿，反覆練習。要求：腹部用力，上體挺胸抬頭，雙腿儘量伸直。重複 15 次為一組，共練習 2 組。如圖 3-4-41。

圖 3-4-41

知識窗

形體缺陷可以透過練習矯正，如果能夠恰到好處地運用服飾進行修飾會獲得更好的效果。

大腿粗：

適合：下身較寬的裙子，百褶裙，A 字裙，拖地的長裙和長褲等，還可以選擇腰處有多皺褶且寬鬆的腹圍款式，大腿部位自然寬鬆可掩蓋粗腿。

不適合：穿緊身褲，下身太窄的款式，如包身裙、短裙。

「O」形腿和「X」形腿：

適合：褲、裙長最少以遮蓋膝蓋下 5cm 為宜，或直接穿長裙或寬褲。

不適合：穿緊身褲，直筒褲。

第四單元 科學健身篇

▊模塊一 健康與肥胖

學習目標

● 正確認識肥胖

● 瞭解科學美體的原則

一、如何認識肥胖

　　年輕的姑娘和小夥子常常會為日漸「豐滿」的體形發愁，中老年人更是視肥胖如大敵。近幾年，「肥胖兒」的不斷增多，也成了家長們焦慮的熱門話題。世界衛生組織肥胖研究小組負責人費裡·詹姆斯博士指出：「胖子人數現在正以每 5 年一倍的速度增加，像海浪一樣向我們湧來。」難怪有人認為肥胖已成為現代社會中的一大「公害」。

　　從美學的角度來判斷胖瘦的美，往往根據文化與時代背景的不同而存在著差異。當前社會的時尚之美是瘦，骨感美成了許多年輕人追求的目標，更多的愛美的青年人都匆匆地加入了減肥者的行列，盲目減肥已成為社會的普遍問題。引導青年人形成理性的健美觀，首先應當建立在科學的基礎之上。

　　標準體重的判斷

　　判斷一個人是否肥胖並不是一件簡單的事，它不像個子高低可以用皮尺進行丈量便知分曉。單靠稱體重還是解決不了這個問題。我們發現通常人長得高體重就重，長得矮體重就輕，體重與身高存在著極密切的關係。也就是說每個不同身高的人都有與之相稱的體重。見表 4-1-1。

圖 4-1-1

表 4-1-1 中國成人身高與體重對照表

男			女		
身高/cm	體重均值/kg	體重範圍/kg	身高/cm	體重均值/kg	體重範圍/kg
170	63.6	60.7~66.5	160	52.5	49.8~55.2
173	65.7	62.5~68.8	163	54.1	51.1~57.0
175	67.5	64.3~70.6	165	55.7	52.5~58.8
178	69.3	66.1~72.4	168	57.7	54.3~61.1
180	71.3	67.9~74.7	170	59.5	56.1~62.9
183	73.4	69.7~77.0	173	61.3	57.9~64.7
185	75.4	71.5~79.2	175	63.1	59.7~66.5
188	77.4	73.3~81.5	178	65.0	61.6~68.4

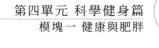

（刁在箴，鄭捷 . 新世紀體育健美操 . 北京：高等教育出版社，2005）

二、肥胖的標準

首先，我們要清楚什麼是「肥胖」。「肥胖」是指由于體內脂肪的堆積，使體重增加。有人把體重較重看成為肥胖，這是片面的。中國肥胖研究人員一般採用超過標準體重的百分比來判定肥胖程度，他們利用統計學的方法，把身高和體重的這種關係用公式的形式表現出來。見表 4-1-2。

什麼是肥胖度？

肥胖度就是肥胖的程度，通常用下面的公式來計算：

肥胖度＝〔（實際體重 - 標準體重）/ 標準體重〕×100%

表 4-1-2 肥胖度評價表

序號	肥胖度	評價
1	＜ -40	極度消瘦　極度熱量不足
2	＜ -30	重度消瘦　重度熱量不足
3	＜ -20	中度消瘦　中度熱量不足
4	＜ -10	偏瘦　熱量不足
5	± 10	正常
6	＞ 10	偏胖　熱量過剩
7	＞ 20	中度肥胖　中度熱量過剩
8	＞ 30	重度肥胖　重度熱量過剩

（刁在箴，鄭捷 . 新世紀體育健美操 . 北京：高等教育出版社，2005）

經過中國專家學者認定，由中國軍事科學院等單位提出，中國成年人理想體重的計算方法是（其中身高以釐米計算）：

長江以北的北方人的理想體重：

理想體重（公斤）＝（身高 -150）×0.6 ＋ 50

長江以南的南方人的理想體重：

理想體重（公斤）＝（身高 -150）×0.6 ＋ 48

三、產生肥胖的原因

經專家學者研究證明產生肥胖的主要原因是人體攝入的熱量超過消耗的熱量。

（一）遺傳因素

有學者研究發現：父母體重正常，他們子女的肥胖發生率只占10%左右；如果父母中一方肥胖，其子女肥胖發生率就增至40%～50%；如果雙親都胖，其子女肥胖發生率增至70%～80%。遺傳學研究中還發現人類肥胖的遺傳都在40%～80%之間，就是說一個人肥胖與否有40%～80%是遺傳的，後天可以控制的占20%～60%。

中國學者研究發現，雖然由于遺傳體質的不同，有的人容易「發胖」。但透過運動，尤其是「運動＋飲食」控制的方法可以使他們不「發胖」。

（二）「消耗」減少

通常產生單純性肥胖的基本原因是「吃多，動少」，「動少」是關鍵。據美國近年來的研究發現，雖然與原來相比在攝取熱量方面男子減少了10%～15%，女子減少了5%～10%，而且食物中脂肪量也減少了許多，但美國人的平均體重並沒有因此而下降。有人對350名肥胖者進行研究，發現其中67.5%的人平日活動很少。有人觀察肥胖的學生及正常的學生在體育課上的運動情況，發現肥胖的學生大部分時間都是站著不動，而體重正常的學生在體育課上則非常活躍，大多數時間從事劇烈的運動。美國著名營養學家梅耶曾對28名過胖的女學生做過調查。這些胖姑娘肥胖的原因是不好動，一般常參加運動的學生的體力消耗是她們的兩倍。以上材料表明身體肥胖的一個重要原因是缺乏體育運動。

（三）精神因素

控制我們食慾的是位于丘腦的兩個神經中樞，飽食中樞和饑餓中樞。它們受人的神經影響極大。有的人在情緒激動時，神經興奮起來，刺激饑餓中樞，使食慾旺盛造成過度進食，引起肥胖。有人精神憂慮或情緒不好，則借大量進食以發泄獲取的慰藉。

（四）病理性因素

由于一些疾病的影響也會造成肥胖。如下丘腦性肥胖、高胰島素性肥胖以及腫瘤壓迫影響食慾中樞，都可出現過食——肥胖現象。此外由于服用某些激素類藥物、抗精神病類藥物或服用避孕藥物不當等，也可導致肥胖的發生。

導致肥胖的不良習慣

每個人在日常生活中都會有導致肥胖的壞習慣，以下是致使人們肥胖的因素：

●一天喝兩瓶以上的果汁或飲料。

●喜歡吃西餐。

●喜歡吃肥肉。

●喜歡吃火鍋和酸辣有味的食物。

●吃飯速度很快、不殘留食物，統統吃光，餐後一定吃甜點。

●每次午餐後很快進入午休。

●很晚休息，而且有吃消夜習慣，用餐後 1 小時之內就睡覺。

●包裡總是放著一些餅乾、糖果。家裡常有點心或甜品之類的食物。

●假期裡，喜歡待在家裡躺著而且經常吃小食品。

●曾有過減肥成果卻又胖回來的情形。

●沒有運動習慣，每天以坐為主。

減肥瘦身的誤區

由于人們對肥胖成因的誤解，令一些愛美人士用盡方法減肥但始終徒勞無功。導致肥胖的成因多樣，然而若是輕信一些錯誤觀點，運用錯誤的纖體瘦身方法，便會使減肥進入一個誤區。

（1）不吃早餐、晚餐，只吃午餐。誤以為不吃早餐、晚餐能減少熱量的攝入，從而達到減肥的目的，殊不知不吃早餐和晚餐對人體傷害極大，無益健康。

（2）節食。任何時候少吃都是減肥的必要前提，但是少吃不等于不吃。極端的節食，會造成厭食症，影響身體各方面機能，也失去了「減肥」的真正意義。

（3）不吃任何有營養的食物。如不吃含有豐富蛋白質的肉、蛋、魚、澱粉等，認為這些食物會增加脂肪，只吃水果和未烹飪的蔬菜等。這樣會導致必要的營養和熱量攝入減少。

（4）固定食譜。儘管每日三餐不少，但不敢變化食譜，這樣做固然減少了一些熱量的攝入，但久而久之會使身體缺少全面的營養成分，有害無益。

（5）以藥物代替天然食品。只服用營養品、維生素類藥代替日常飲食中應該攝取的營養。

（6）藥物減肥。靠藥物減肥風行于世，許多人喝減肥茶、吃減肥藥，確實能使身體苗條一些，可藥物停止後，反彈更快。

只想減肥、不想鍛鍊的觀點和以上幾個減肥誤區對女性的健康成長極為不利。運動是進行瘦身、健身最行之有效的方法。

四、形體瘦身計劃

（一）制訂瘦身計劃的步驟

（1）瘦身之前要進行全面的身體檢查。

（2）測量肥胖程度。在標準體重 ± 20% 以內者，沒有減肥的必要。只要糾正飲食習慣，使體重不再增加就可以了。如果體重超過標準體重 20% 以上，就必須從確定目標體重開始減肥。

（3）制訂瘦身計劃。

（二）制訂瘦身計劃目標的原則

1. 針對性原則

每個人體形狀況各不相同，進行形體訓練時，鍛鍊者要根據自己的實際情況科學地制訂訓練計劃才能取得良好的效果。為了達到減肥瘦身的成功，剛開始不能把目標定得太高而不切實際，要具有針對性。例如：一個體重70kg 的人把最初的目標定為減掉體重的 10%（即 7kg），達到 62kg 就比較合理可行。這樣一來，既沒有把目標定得太脫離實際而難以實行，又有可能第一次就減肥成功。突破第一關後，就可以制定第二階段的減肥目標，減掉體重的 20%。如果效果好的話，再考慮下一步的減肥目標是多少。因此，我們可以參考表 4-1-1 找出自己身高對應的體重數值作為減重的最終目標。我們所說的理想體重只不過是所有人共同的大致目標，而不是每一個人減肥的確切目標。鍛鍊者可以參考選擇。

2. 循序漸進原則

人的形體塑造有一個變化的過程。訓練負荷的安排要由易到難、由簡到繁、由小到大地逐步提高，從而使形體始終朝著自己埋想的方向發展。但是，並不是所有的人都能順利地減肥。有的人一開始瘦身時，運動量就很大但體重卻無法減下來；也有因效果不好而灰心喪氣放棄減肥。合理安排運動計劃，不做過高而無序的運動量，一點點地循序漸進的減肥方法才是可行的。

3. 全面性原則

人體是一個有機的整體，各器官系統的機能是有機地聯繫在一起的。鍛鍊者的訓練內容與手段要相結合，多樣性和全面性相結合，才能使身體機能全面增強，形體更加完美勻稱。

4. 不間斷原則

人的形體變化不是一朝一夕之事，也不是一勞永逸之功，而是長時間訓練量的積累，是堅持不懈的結果。貴在堅持，是每一位形體塑造者要牢記的。

▌模塊二 有氧運動解析

學習目標

●懂得有氧運動的機理

●學會科學健身的方法

一、什麼是有氧運動

現代化的高樓大廈彷彿成了一個金絲籠，把人類與自然隔得很遠。現代人成了上滿發條的機器時時不停地運轉著，同時一些「文明病」也隨之而來。運動不足，營養過剩，已成為「文明病」的重要原因之一。長久以來人們一直尋找治療「文明病」的良方。1968 年美國太空總署醫生庫珀博士專門為宇航員設計有氧體能訓練計劃時發明了有氧運動，成為美國著名的健身運動專家。

什麼叫 Aerobics ？

「Aerobics」是有氧運動的意思。它是一個集合的概念，是一種以有氧供能為主的運動方式。

它的特點是運動強度低、時間長，主要靠糖元和脂肪的有氧分解供能。它可以提高練習者的有氧耐力來達到減脂的目的。

長跑、有氧健身操、跳繩、游泳、騎車等，只要是符合有氧運動的特點都可稱其為有氧運動。

二、如何確定有氧運動量

有氧運動量的大小直接影響有氧運動的效果。如果運動量過大會使人過度疲勞，甚至傷害身體健康。

一般人容易把運動量理解為跑的距離、跳操的時間長短等數量因素，這只是運動量中的一部分。

運動量應包括：

1. 數量的多少；

2. 強度的高低；

3. 密度的大小。

　　對于進行有氧運動的人來說必須把握好數量與強度兩個因素之間的關係，才能達到有氧運動鍛鍊的預期效果。

　　有氧運動的強度一般使用最大攝氧量的百分比來計算。但最大攝氧量的測定很不方便，相關學者從大量的實踐及研究中發現心率的快慢和最大攝氧量一般成正比，就是說心率越快，最大攝氧量的百分比也就越大（見表 4-2-1）。當鍛鍊結束後，立即計出 10 秒的脈搏數再乘以 6 得出每分鐘的心率，便可查出運動時相應的強度。

表 4-2-1 不同年齡、心率和運動強度對照表

心率　年齡　強度		年　齡						
		8～12 歲	13～17 歲	18～29 歲	30～39 歲	40～49 歲	50～59 歲	60 歲以上
強度	100%	193	190	190	185	175	165	155
	90%	180	175	175	170	165	155	145
	80%	170	165	165	160	150	145	135
	70%	160	155	150	145	140	135	130
	60%	150	150	140	140	135	130	125
	50%	145	140	135	135	130	125	120
	40%	140	135	130	130	120	120	115
	30%	135	130	125	120	115	110	110
	20%	130	125	120	115	110	105	105
	10%	125	120	115	110	105	100	100

　　（任寶蓮，王德平 . 走跑健身運動全書，北京：北京體育大學出版社，1999）

　　鍛鍊者可以根據自己運動後即刻的心率，在表 4-2-1 中查到自己運動的強度是多少，再加上運動的時間就可在表 4-2-2 中找到自己的這次鍛鍊的運動量了。例如：一位 20 歲的健身愛好者想用中等運動量進行鍛鍊就可用 60% 的強度（心率 140 次 / 分鐘）運動 45 分鐘，或用 67% 的強度（心率 147 次 / 分鐘）運動 20 分鐘。

表 4-2-2 運動強度、鍛鍊時間和運動量對照表

運動強度(%)		運動時間(分鐘)						
		5	10	15	20	30	45	60
運動量	大	90	85	80	75	70	65	60
	中	85	75	70	67	60	55	50
	小	70	65	60	55	50	45	40

（任寶蓮，王德平．走跑健身運動全書．北京：北京體育大學出版社，1999）

注意：不經常鍛鍊的人應當從小運動量開始鍛鍊，經過一段時間的適應再按表 4-2-1 和表 4-2-2 的運動量鍛鍊，這樣才不會造成身體的不適，而更有利于堅持長久的鍛鍊。

三、有氧運動應當注意的環節

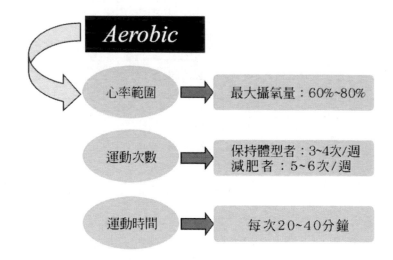

四、有氧運動應當注意的事項

（1）因人而異選擇項目

在進行有氧運動的時候，練習者可以根據自身的特點和場地設施的條件來選擇適合自己的運動項目，但一定要注意運動量和運動時間。

（2）連續不間斷

在進行有氧運動的時候，儘量保持運動的連續性。在練習的過程中保持心率儘量在有氧運動的心率範圍內。

（3）全身鍛鍊與針對性鍛鍊相結合

有氧運動持續的時間比較長，如果經常從事某一個動作的練習，會增加練習者身體局部的負擔。注意在全面鍛鍊身體的原則基礎上，結合針對性的鍛鍊。

（4）持之以恆堅持長久

有氧運動應當堅持長久才能見到實效。每個星期應當堅持 3 ～ 4 次以上才能保證有氧運動的效果。

模塊三 日常生活中的鍛鍊方法

學習目標

●懂得日常生活中鍛鍊的機理

●學會日常生活中的鍛鍊方法

在大學時代裡，書本是陪伴我們時間最多的朋友，教室、圖書館、宿舍是我們停留時間最多的地方。三點一線的生活方式會使人變得很慵懶，由此帶來的是臀部、大腿和腹部上贅肉的增多。在下面的內容裡我們將介紹給大家一些既安全又有效的鍛鍊方法，讓你在任何場合都能進行練習。每個人可根據個人的需要來調節，在不經意當中自然地獲得健康。

一、練習方法介紹

我們所介紹的所有練習內容都是基于一個最簡單的訓練方法——身體對抗性練習。

那麼什麼是身體對抗性練習呢？

身體對抗性練習也稱等長練習，是基于肌肉的收縮和舒張、且肌肉力量相互對抗而導致肌肉勻稱結實的練習。即，使一塊肌肉在靜力位置上慢慢地、自然地繃緊和強壯。

（一）練習體驗

請將兩手相握，雙手各自向相對方向加力。如圖 4-3-1。當你加力時會感到上臂的肌肉正在緊張地收縮，同時胸肌也在用力。這種用力並沒有改變肌肉的長度，但我們會感受到肢體受到的阻力；這種阻力會有效地消耗掉我們的能量，同時肌肉也在這種等長的靜力練習中得到鍛鍊。人體若不經常運動，肌肉功能會漸漸減退，肌肉就會鬆弛、下墜，特別是臀部。臀肌下墜在女性中是一普遍現象，這是女性自身生理髮育所導致的自然結果。

圖 4-3-1

（二）時機選擇

進行對抗性練習時，可選擇在寢室、教室、圖書館、影劇院等，也可以在食品店排隊時、巴士車站等車時。這種訓練的可能性是無止境的，要確實養成在任何時間都能進行鍛鍊的習慣是非常不容易的。我們所設計的練習內容切合實際、內容簡便，所以這些對抗性練習將比較容易地融于每天的生活之中。

二、制訂身體訓練計劃

在編排自己的整體訓練計劃之前，首先列出你打算增強和重塑的是哪一些部位，其次必須確定每天進行練習的時間。練習的時間不必是一定的時間

去進行專門的練習，而是根據自己的日程合理地安排訓練內容。還可以利用一天中屬于自己的零碎時間安排相應的訓練內容。

注意事項

1. 練習前不要忘記做準備活動；

2. 完成練習內容後要進行整理活動使肌肉放鬆。

在選擇內容和編制訓練日程時，可以把計劃的內容多列出一些以方便我們選擇。要使得這些計劃內容有規律地完成，就要精確計算完成每套練習及其中各種動作的時間。在身體未能全部適應所有的練習內容所帶來的負荷前，增加內容會對整體計劃不利，訓練過量會產生一定數量的乳酸造成氧債，肌肉的痠痛會影響訓練，容易使人失去信心而不能順利地完成計劃。

三、準備活動

在每次練習開始前要做準備活動，這些對抗性練習出現受傷的可能性很小，但因為肌肉、關節的溫度很低，黏滯性的增加會降低它們的延展性，若預先沒有舒展肌肉韌帶、關節，在訓練中就會感覺到不舒服，活動也會因此受限。

四、時時刻刻的健身操

（一）晨練操

地點：臥室（宿舍）的床上，也可在鋪有墊子的地板上。

時間：清晨、睡醒後。

練習 1

練習部位：手指、腳踝，軀幹肌肉

睡醒後伸一個「懶腰」是一件很愜意的事，你可以盡情地去做這個動作：緩緩地伸腿、張臂、展腹、送髖、使身體得到最大的伸展度。確實感到肩和腰腹的肌肉都在慢慢地舒展，不要忘記加一些小動作：手指先握後伸，腳趾先鉤回、繃起，再鉤回、再繃起。重複 4 ～ 5 次。如圖 4-3-2。

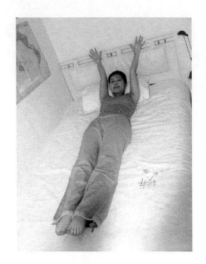

圖 4-3-2

練習 2

練習部位：肩部肌肉

　　讓身體慢慢地反轉過來，像小貓「伸懶腰」一樣將身體拱起成一個弓形。雙膝跪地，雙手儘可能前伸伏地，胸和肩慢慢向下壓去，停留 10 秒，同時感受肩部肌肉和關節也隨之舒展開來。如圖 4-3-3。

圖 4-3-3

練習 3

練習部位：脊椎、腹部肌肉

完成練習 2 之後，上體前移，讓身體完全伸直。緩慢撐起雙臂，讓腹部和髖部儘可能地貼近地面，身體成反弓形，充分伸展你的腹部肌肉。停留 10 秒。如圖 4-3-4。

練習 4

練習部位：大腿前側

身體側臥在床上，向左而臥，用右手抓住向後彎曲的右腳慢慢地拉向大腿後側，停留 10 秒～ 15 秒；然後換一方向腿重複同樣的動作。如圖 4-3-5。

練習 5

練習部位：腰側肌肉

仰臥，並腿，屈起雙腿，讓膝蓋慢慢倒向一側，直至接觸地面，停留 10 秒，換另一側。重複練習 3 ～ 4 次。如圖 4-3-6。

圖 4-3-4

圖 4-3-5

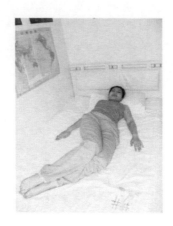

圖 4-3-6

練習 6

練習部位：腰背部肌肉、臀部、大腿後側

上體直立坐在墊子上，兩腿並腿平伸，腳尖繃直。

上體向前慢慢傾斜，雙手抓住腳尖，腳尖鉤起，同時注意雙腿伸直。併攏不能彎曲。

雙手抱住踝關節（或腳掌），試著嘗試額頭觸及膝蓋。

保持 30 秒，重複 8 ～ 10 次。如圖 4-3-7。

圖 4-3-7

練習 7

練習部位：大腿內側

體直立坐在床或墊子上，兩腳掌相對。

雙手抓住兩腳踝，將足跟向內拉，讓其儘量靠近骶髂關節，雙膝向兩側打開，儘可能接近地面。

將上體儘量前傾，保持5秒～7秒，重複4～5次。如圖4-3-8。重複8～10次。

練習8

練習部位：腳踝、小腿

雙手撐地，軀幹屈體90度，單腳前腳掌撐地，另一只腳搭在撐地腳的小腿上，依靠軀幹重量，拉伸小腿肌肉。停留15秒，換另一條腿。如圖4-3-9。

圖 4-3-8

圖 4-3-9

（二）書桌前的隱形操

地點：教室、圖書館

時間：課間休息時

對于大學生每週至少有40個小時坐在書桌前，長時間伏案而坐，會使你的腹部、大腿、腰部、臀部贅肉的增多。我們可以在繁忙的學習生活中抽

出時間進行鍛鍊來除去這些贅肉。這部分的練習是無聲的，既不會影響他人的活動，又不會引起別人的注意，因為它是隱形的。

這套動作不僅僅在教室或圖書館的書桌前做，在電影院、理髮、洗淋浴甚至打電話交談時，均可做此練習。

練習 1

練習部位：頸部肌肉

右手從頭上繞過，用手掌按住左太陽穴，試圖將頭部拉向右側肩部，同時頸部左側的肌肉發力，去牴觸這個拉力。這種對抗力量的大小要量力而行，初次練習時力量要小一些，一般把手搭上去的重量就足夠了。停留 5 秒～ 6 秒，換另一側。重複 2 ～ 3 次。

低頭，雙手搭在頭後，同時頸後肌群發力，向上抬頭。停留 5 秒～ 6 秒，重複 2 ～ 3 次。如圖 4-3-10。

圖 4-3-10

練習 2

練習部位：胸部肌肉

預備姿勢：兩手在胸前掌心相對，肘關節彎曲並且外展，做好準備動作。

首先把手放在前體腹部位置進行練習。其次移至胸部位置。最後雙手放于在頭頂上方。

用力握緊的雙手做相抵抗動作。每個位置持續 4 秒～ 6 秒。動作過程中，肘關節始終保持彎曲，從低往高，再逐個區域依次返回到準備姿勢。連續做 4 次。如圖 4-3-11。

圖 4-3-11

練習 3

練習部位：腰腹部肌肉

椅子稍稍遠離書桌（膝蓋不碰到桌子為宜），保持上身直立，後背不要接觸椅子。保持上體原有的身體姿勢並收腹，嘗試著把在地上的腳抬離地面，並保持 5 秒～ 7 秒。重複練習 3 ～ 5 次。

上體貼緊椅子的靠背，屈膝，把腿繼續向上抬，讓膝蓋儘可能接近上體，然後並腿向前平直伸出儘可能的讓大腿懸空，不要接觸椅子面，保持 3 秒～ 5 秒後，屈膝，重複練習 3 ～ 5 次。如圖 4-3-12。

圖 4-3-12

注意事項

由于動作的幅度稍大，在做練習前，一定要確認不會觸及他人或面前的書桌，以免發出響聲。

練習 4

練習部位：大腿肌肉

坐在靠背椅子上，上體直立，兩腳打開與肩同寬，小腿與地面垂直。

兩臂伸直，用手掌按住膝關節的外側，用力阻止你要向外打開的雙腿。保持約 30 秒後，放鬆一下，重複 6 ～ 10 次。這個練習可以改善大腿外側的肌肉質量，同時對胸大肌也有較好的鍛鍊效果。

兩臂伸直，用拳或手背貼住膝關節的內側，用力阻止你要向內併攏的雙腿。保持約 30 秒後，放鬆一下，重複 6 ～ 10 次。

這個對大腿內側肌肉有幫助的動作，同樣會鍛鍊肩部外側肌肉。

如果感到上臂的力量對大腿的外展、內合沒有太大的阻礙，就將雙踝在地板上做交叉換位，雙膝靠攏，用相互交叉的雙踝做抵抗運動，膝部和大腿也相互抵抗，可向內、可向外。然後，交叉換位。每次堅持 30 秒。兩側各重複 4 ～ 6 次。如圖 4-3-13。

圖 4-3-13

練習 5

練習部位：小腿肌肉和踝（1）

坐在靠背椅子上，上體直立，兩腳併攏平行放于地面，小腿與地面垂直。連續完成腳趾和腳掌向上抬起動作，要求腳跟始終著地。接下來是腳趾不要離地，把腳跟儘量向上抬起，做提踵練習。

　　此練習是為了伸展小腿肌肉，並進一步重新塑造小腿，同時也將增加踝關節的力量。如圖 4-3-14。

圖 4-3-14

練習 6

練習部位：小腿肌肉和踝（2）

　　以雙腳足跟為中軸，腳趾先向上鉤起，再向外側展開，然後還原。練習 30 次左右。如圖 4-3-15。

圖 4-3-15

練習 7

練習部位：骨盆與臀部

坐在椅子上進行練習，兩腳開立與肩同寬，後背緊貼椅子靠背。

收腹，緊繃大腿和臀部肌肉。一手置于腹前，一手扶在腰後，先使繃緊和收縮的骨盆周圍肌肉向後突起，塌腰、臀部上翹，然後骨盆和臀部用力向前挺出。還原練習 50 ～ 100 次。如圖 4-3-16。

圖 4-3-16

圖 4-3-17

練習 8

練習部位：上臂、肩部和頸背部

坐在靠背椅子上，上體直立，兩腳併攏平行放于地面，小腿與地面垂直。

兩手抓住椅子的兩側，用力試圖把坐在椅子上的你抬起。伸直雙臂練習，會改善肩部和頸背部。屈肘練習，它會改善肱二頭肌。

每次停留 8 秒～ 10 秒，重複 4 ～ 6 次。如圖 4-3-17。

練習 9

練習部位：小腿肌肉

我們想要獲得的是外形優美的小腿。在前面練習 5 和練習 6 中，已經介紹了一些小腿和踝關節的練習方法，加上這個動作，我們可以把它們編成一組，只要堅持 2 ～ 3 個星期，就可以看到小腿的變化。

前腳掌站在樓梯的臺階上，足跟在臺階外，面向上樓梯的方向，輕輕地扶著扶手或牆壁，保持身體的平衡，軀幹正直。用力提踵將整個身體向上推起，之後自然放鬆，落下足跟，並儘可能地使足跟低於臺階面。再重新提踵使其高于臺階面。反覆練習 25 ～ 30 次。如圖 4-3-18。

注意身體的重心要保持大幅度的上下，千萬不要出現突發性動作。這個動作是讓身體透過踝的力量做平衡的上、下運動，力量不宜過大、過猛。訓練過程中，一旦進行伸展小腿肌肉的練習，就有可能發酸，一天以後，這種痠痛即可消失。

圖 4-3-18

注意事項

多數專家認為隔天訓練最好，因為訓練過量會產生一定數量的乳酸，造成氧債，肌肉疼痛就會影響訓練。然而，對抗性練習強調訓練適中，使肌肉不能產生過多的乳酸，因此也不會出現氧債，更談不上肌肉受傷。我們強調參加運動不要牽強，要在鍛鍊中尋找快樂。

（三）宿舍裡的健身操

地點：寢室、盥洗室，梳妝鏡前，床上或在鋪有墊子的地板上。

時間：起床後，洗臉、化妝時。

練習 1

練習部位：頸部

身體直立，兩腳平行開立，兩臂自然下垂。頸部向身體一側慢慢斜，並試圖讓耳朵觸到肩部（不要聳肩）之後，頭經體前慢慢繞向另一側，反覆進行。如圖 4-3-19。

圖 4-3-19

練習 2

練習部位：胸部、肩部、上臂肌肉

面朝桌子或其他固定物站立，相距 60cm 左右，兩腿伸直全腳掌著地，手撐在桌面的邊緣上，兩臂分開與肩同寬，背部始終保持挺直，緊收腹肌。

身體挺直，讓軀幹向桌子慢慢傾倒，直到胸部觸及桌子為止。注意肘關節要有控制地彎曲，腳跟可以提起，然後上臂慢慢發力將軀幹推起，還原。

每一個動作需要 3 秒～ 4 秒，每組動作練習 15 ～ 20 次。如圖 4-3-20。

圖 4-3-20

做這個練習時，在地板上鋪上一條浴巾或一塊墊子，儘量做到不穿鞋襪。

這個動作有兩種練習方式：

（1）臂屈伸時肘關節向側（開肘），以胸部肌肉練習為主。

（2）臂屈伸時肘關節向後（夾肘），以上臂肌肉練習為主。

練習 3

胸部練習：跪膝俯臥撐

俯撐，小腿彎曲，膝蓋著地，上體與大腿保持在一條直線上，兩臂分開與肩同寬。

身體挺直，讓軀幹向地面慢慢倒，直到胸部觸及地面為止，注意肘關節要有控制地彎曲。上臂慢慢發力將軀幹推起還原。每組 8 ～ 10 次，練習 2 ～ 3 組。如圖 4-3-21。

圖 4-3-21

練習 4

練習部位：骨盆與臀部

兩腳開立與肩同寬（也可以並腿），膝部微屈。

收腹，緊繃大腿和臀部肌肉，一手置于腹前，一手扶在腰後，先使繃緊和收縮的骨盆周圍肌肉向後突起，塌腰、臀部上翹。然後骨盆和臀部用力向前挺出。最後還原。練習 50 ～ 100 次。如圖 4-3-22。

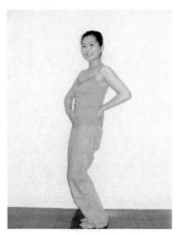

圖 4-3-22

提示

做此練習時應當學會控制肌肉，這個動作只要求腰部以下肌肉處于緊張狀態，其他部位均要放鬆。練習前期，這個動作以每次做 50 次為宜，速度可快可慢（慢做 50 次的效果可相當于快做的 100 次）。兩三週以後，你就會發覺你的臀部的肌肉的變化，它會變得有彈性並且不再下墜。在追求「理想的臀部」過程中，完成此練習是最佳辦法。

練習 5

練習部位：大腿、膝關節。

直立，身體右側面放一把椅子，手扶椅子保持身體平衡。用 4 拍的時間（正常速度）抬起左腿至水平位置，同時小腿彎曲讓腳尖靠近膝關節，再用

4 拍的時間讓抬起的左腿向左側打開，同身體成為一個平面，膝關節的位置不變，接著用 4 拍的時間讓小腿抬起並使大小腿伸直，並與地面保持水平位置，維持這個姿勢 2 拍，然後用 2 拍的時間讓腿下落到立正的開始位置。重複 4 ～ 6 次後，換另一條腿進行。每一組練習 15 ～ 20 秒，整個練習需要120 ～ 180 秒。如圖 4-3-23。

圖 4-3-23

練習 6

練習部位：臀部和大腿

動作 1 身體直立雙腿併攏，雙手撐在前方的椅子上。一條腿慢慢地向後方抬起，直至到與地面平行或高于水平面，保持這種姿勢 8 秒～ 10 秒，再慢慢地放下來。換另一條腿做同樣的練習。每條腿各 5 次。如圖 4-3-24。

動作 2 仰臥在床（或墊子）上，屈腿，小腿與地面垂直，兩手放在身體兩側。肩背著地，臀肌緊收，用力將軀幹抬起，直至上體與大腿平行，保持這個姿勢 8 秒～ 10 秒。練習 6 ～ 8 次。如圖 4-3-25。

練習 7

練習部位：腰腹肌肉

以下有 10 個腹肌練習動作，建議每次選擇 2 ～ 3 個動作練習。

準備動作：在臥室的床上，身體成仰臥姿勢躺在床上，兩膝搭在床邊，兩腿自然下垂，兩手放在身體兩側。如圖 4-3-26。

圖 4-3-24

圖 4-3-25

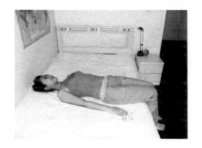

圖 4-3-26

動作 1 準備動作後慢慢將小腿抬起，與大腿平行，伸直。整個小腿超過床面或與地面保持平行，保持這種姿勢一段時間，小腿再自然下垂，還原。練習 12 ～ 15 次。如圖 4-3-27。

動作 2 準備動作後將小腿抬起，經水平位置，收向胸部並靠攏，雙手緊抱小腿，然後再順原路還原。練習 12 ～ 15 次。如圖 4-3-28。

動作 3 在動作 1 的基礎上把腿繼續往上抬至 45 度角的位置，保持這個姿勢 6 秒～ 8 秒，然後慢慢下落，還原。練習 3 ～ 5 次。如圖 4-3-29。

圖 4-3-27

圖 4-3-28

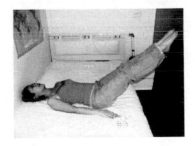

圖 4-3-29

　　動作 4 準備動作後把腿往上抬至 45 度的位置，保持這個姿勢，同時讓雙腿在空中做左右交叉腿的橫向動作。每次做 60 秒，練習 3 ～ 5 次。如圖 4-3-30。

　　這個動作雖然很難做，卻是一個非常有價值的動作，在做這個動作時，參與的肌肉不僅僅只有腹肌，橫向運動的大腿內外側肌肉、髖部髂腰肌都參與了這個動作。這個訓練會導致心率加快，切記要保持正常的呼吸形式。

　　動作 5 在動作 3 的基礎上，伸直兩腿，把一只腳的腳跟搭在另一只腳的腳面上，放在上面的那條腿稍稍放鬆，讓一部分的重量壓在下面那條腿上。然後換另一條腿練習。如圖 4-3-31。

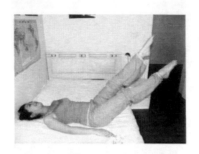

圖 4-3-30

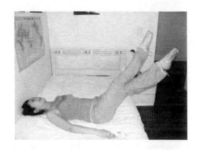

圖 4-3-31

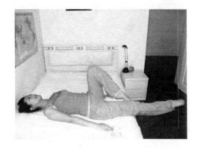

圖 4-3-32

　　稍微簡單一點的腹肌練習

　　動作 6 把一條腿的小腿向內收起，同時大腿向身體收，儘量靠近胸部，另一條腿完全伸直，並保持與地面平行，兩手放在身體兩側。如圖 4-3-32。

把伸直的腿向上慢慢抬起，高度不超過 45 度，維持平衡並使其在這個位置上停頓 8 秒～ 10 秒，還原。單腿重複 2 ～ 3 次後，換另一條腿，重複相同的動作。如圖 4-3-33。

動作 7 把靜力性動作 6 做成一個動力性動作。數 4 個數，把腿從水平位置慢慢上舉到垂直位置，然後再數 4 個數還原。重複 6 ～ 8 次為一組，練習 2 ～ 3 組。換另一條腿練習。如圖 4-3-34。

動作 8 身體成仰臥姿勢躺在床上，屈體 90 度，屈腿 90 度，讓髖關節和膝關節形成兩個 90 度，兩手放在身體兩側，保持身體平衡。如圖 4-3-35。

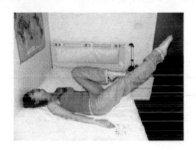

圖 4-3-33

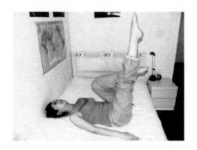

圖 4-3-34

圖 4-3-35

保持準備動作時軀幹和大腿的位置不變,將一條腿的小腿向上伸直,直至與地面垂直,兩條腿以膝關節為軸,交替運動。練習為 60 秒一組,共練習 3 組。如圖 4-3-36。

動作 9 將腳尖鉤起,兩腿順垂直方向向上蹬起,做仰臥蹬自行車,兩手放在身體兩側,保持身體平衡。每次練習 40 秒~ 60 秒,練習 2 ~ 3 次。如圖 4-3-37。

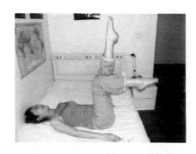

圖 4-3-36

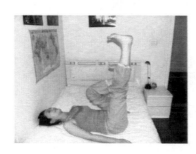

圖 4-3-37

動作 10 仰臥起坐

練習仰臥起坐可以改善我們的上腹部肌肉,但是上體抬得過高(肩部離地超過 30cm)並不能對增強腹肌有任何幫助,參與工作的是大腿前側的肌肉,而不是腹肌。

仰臥在地板或墊子上,彎曲雙膝,腳掌放在地板上,也可以把腿伸直。雙手扶住頭部或把手搭在肩的兩端,肘關節朝上。

首先開始收縮腹肌,抬頭並使雙肩離開地面,同時向上方運動,腰背部緊貼地板,維持這種姿勢 1 秒,然後還原,反覆進行。

開始階段重複 20 次，以後增加到 30 ～ 35 次為一組。每次練習 2 ～ 3 組。如圖 4-3-38。

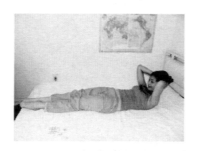

圖 4-3-38

練習 8

上體直立坐在床上，讓小腿放在床沿外，兩腿併攏並伸直，腳尖繃起。

圖 4-3-39。

圖 4-3-39

練習 9

站立前屈體 身體直立，兩腳左右平行開立，兩腿伸直，上體前屈，兩臂直臂下伸，並垂直與地面，頸部與背部充分放鬆，做前屈體。手臂自然下垂，不要強行觸地，讓大腿後側肌肉、臀部、腰、後背甚至手指的肌肉都被拉長。堅持 40 秒。如圖 4-3-40。

跪地後仰 從跪坐在踝關節上開始，上體後倒，可以用雙手撐住身體，防止上體下落速度過快，慢慢下落，直至雙肩著地。讓大腿的前面肌肉、腹肌、踝關節被充分地拉長。堅持 30 秒。如圖 4-3-41。

分腿前體屈 從分腿坐開始，上體前傾做前屈動作，上體自然前俯。

這個動作主要是放鬆大腿內側和臀部、背部肌肉。如圖 4-3-42。

圖 4-3-40

圖 4-3-41

圖 4-3-42

　　肩部放鬆 這個肩部放鬆練習包括三個步驟：前突、上提、後展。這個練習適合于任何地點，如果在淋浴時進行，效果更佳，因為這樣肩部會直接受熱，有按摩和熱敷之功效，所以對減輕肩部緊張極為有效。

　　（1）雙肩同時聳起，數 4 拍後雙肩同時放鬆。

　　（2）用含胸動作讓雙肩向前突出，數 4 拍後回到正常位置。

　　（3）展胸夾背讓雙肩後展，4 拍後回到開始位置。

（4）用 8 拍的時間讓雙肩經前突、上提、後展，回到開始位置。

完成（1）～（4）為一組，做 4 組。如圖 4-3-43。

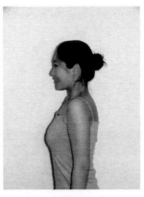

圖 4-3-43

利用毛巾放鬆上臂與肩部 利用毛巾，同樣可以放鬆你的肩部和上臂。雙手在背部抓住毛巾，上面手臂的肘關節儘可能貼近耳部，手臂放鬆；用下面抓住毛巾的手輕輕地下拉，會感到上臂和肩部的肌肉的牽拉感。

堅持 15 秒，換另一側練習，重複 2 次。如圖 4-3-44。

圖 4-3-44

（四）隨時隨地的健身操

地點：等車、乘車、排隊用餐、看電影、步行等

時間：週末休息時

在熙熙攘攘的車站等車時，或排隊用餐時，你也可以抓緊時間進行身體練習。做這種練習以不影響他人、也不讓他人察覺而使自己難為情為佳，所以一般只選擇一些下肢的練習動作，如小腿的提踵練習，收腹收臀的練習等。所有這些練習可以在你的支配下無聲無息、毫不被他人覺察地完成。

我們每天都要走路，不妨將步行也作為一種鍛鍊的方式。步行時使自己的身體儘量地挺拔，收腹立腰收臀大步前行，使你的腰腹、臀、大腿、小腿都能得到很好的鍛鍊。這也是一個事半功倍的練習方法，如果你每天都能堅持連續走 30 分鐘的路程，一個月後你就會體驗到良好的鍛鍊效果了。

看電影或電視時可採用前面所講過的書桌前的隱形操，不會影響他人。

這樣的例子很多很多，只要你想練。你只要動動腦筋，就可以根據你當時所處的場合、位置，想出很多訓練方法。

總之，「安全和穩妥」應該是我們訓練的座右銘，一旦學會了怎樣做練習，這個訓練日程就將成為你生活中的一部分。當你坐在書桌前休息時，你就可以做一些胸部的練習，或者做一些小腿、踝關節的練習；當你坐在那裡看電視時，你就可以高抬腳趾做一些小腿練習。這些訓練計劃的美妙之處就在于，花少量的時間來舒適地做每一種練習，並根據不同場合選擇不同的練習內容。這些內容既簡便又容易，效果來的又非常迅速，你會從中得到無窮的樂趣。

總之，趕緊來實踐吧！

▌模塊四 科學飲食方法

學習目標

- ●瞭解營養學的基本概念
- ●懂得科學飲食的方法與原則

一、營養學的幾個基本概念

（一）營養素

人類為維持生命必須從外界攝取食物。食物中含有的能維持人體正常生理機能、促進生長發育和健康的化學物質稱為營養素（nutrient）。

（二）熱量平衡

　　攝入食物的總熱量與活動消耗的總熱量相等時，我們就稱為熱量平衡，這時的體重不變；如果消耗得多攝入得少，則會出現負平衡，體內儲存的營養物質就要消耗，這時體重就會下降；如果攝入多丁消耗，多餘的熱能就會儲存在體內（通常大多以合稱為脂肪的形式儲存），體重就會上升。

（三）均衡膳食

　　攝入的營養素能充分滿足人體的需要，即不多也不少叫做均衡膳食。只有均衡膳食，身體才會健康。

二、人體所需的六大營養素

（一）碳水化合物（糖）

　　碳水化合物是人體的主要能量來源。1 克碳水化合物能產生 4 卡熱量。中樞神經活動完全依賴于碳水化合物的供給，它可以協助脂肪和蛋白質有效地燃燒和利用，有助于保持適當的細胞體液平衡，使細胞功效最大化。堅持適度食用碳水化合物有助于維持適度的血糖平衡，並可以節省蛋白質，使蛋白質更多地用于肌肉合成。它主要以簡單和複雜兩種形式存在。簡單的形式是單糖，如葡萄糖、果糖和蔗糖含有能量，但卻幾乎不含什麼營養成分。複雜的碳水化合物在馬鈴薯、玉米、豆類、大米和全麥製品中都能找到，它含有重要的營養成分和纖維素（見表 4-4-1）。進食複雜的碳水化合物的一個最大的好處就是攝入了纖維素。

　　攝入纖維素的益處：

　　（1）延遲胃排空時間，從而增強飽腹感。

　　（2）維持良好的腸動力，防止便秘即促進規律的腸蠕動。

　　（3）調節機體對葡萄糖的吸收。

有研究表明高纖維素膳食在進餐後表現出對血糖水平的調節可維持 5 小時以上，所以纖維素能夠調節機體的消化率和對碳水化合物的同化作用。

表 4-4-1 不同吸收程度的碳水化合物

吸收程度	碳水化合物
高	糖、蜂蜜、玉米、白麵包、精緻穀類、烤馬鈴薯
中	全麥麵包、大米、燕麥、麥麩、碗豆
低	豆類、水果(蘋果、桃、柚子等)、蔬菜等

吸收程度高的碳水化合物會導致胰島素明顯上升。胰島素是一種使血糖降低的激素，同時可以合成脂肪。長期食用吸收程度高的碳水化合物會使細胞對胰島素的敏感度降低，最終會導致成年型糖尿病。超重、高血壓、心臟病的人選擇吸收程度低的碳水化合物才是明智之舉。

對于絕大多數成年人，運動時和不運動時碳水化合物攝入是有區別的（見表 4-2-2）。有人認為減肥必須透過降低飲食中的碳水化合物的比例來減體脂，其實這是一個誤區。因為體重的增減與總熱能的攝入有關，而與飲食中常量營養素無關。低碳水化合物飲食降低體重的原因有兩個：低熱量攝入和脂體的丟失。確保長時間減重效果應同日常飲食習慣相關，而非單獨嚴格限制或減少某一種常量營養素的攝入。

表 4-4-2 運動型飲食結構

成分	運動型飲食(占總熱量%)	普通型飲食(占總熱量%)
碳水化合物	60 ~ 65	45 ~ 50
脂肪	20 ~ 25	35 ~ 40
蛋白質	15	10 ~ 15

（肖春梅，丘君芳，梁小杰.健康運動指南.北京：北京體育大學出版社，2005）

美國曾投入大量的人力、物力研究碳水化合物攝入與流行性肥胖的關係。結論都是相似的：碳水化合物能使你肥胖，低脂肪飲食仍使美國人變得越來越胖。其原因是高能量攝入與低能量消耗。

建議：

（1）每天的飲食應包括 25g 纖維素。

（2）碳水化合物攝入方案應根據個人的偏好、活動水平和飽腹感來制定，其攝入量應占攝入總量的 50% ～ 70%。

（3）多吃水果、全穀和蔬菜，這些都是纖維素的主要來源。

（4）每天飲食應先滿足蛋白質和脂肪需求量，然後再估算食品的碳水化合物攝入量。

（二）脂肪

脂肪是人體能量的第二個能量來源，但也是食品中的定時炸彈。每克脂肪提供 9 熱卡的能量，是碳水化合物和蛋白質氧化釋放能量的兩倍多。除提供能量外，脂肪還可用做脂肪性維生素 A、D、E、K 的載體。維生素 D 可促進鈣的吸收，使身體組織尤其是骨骼和牙齒的鈣的供應充足。脂肪對于胡蘿蔔素性維生素 A 的轉變過程亦十分重要。脂肪並非一無是處，脂肪參與下列生理作用：

（1）細胞內營養素的控制與排泄。

（2）包繞、保護固定器官，如腎臟、肝臟、心臟。

（3）維持體溫，使身體免受外界環境溫度的影響。

（4）減緩胃液內鹽酸的分泌，延長胃排空時間，增長餐後飽腹感時間。

（5）刺激膽囊收縮素的釋放，膽囊收縮素有助于產生飽腹感。

（6）每克脂肪產生 9 卡熱量。

（7）脂肪存在于所有的細胞中。

（8）脂肪的攝入應占總能量攝入的 10% ～ 30%。

（9）超過總能量攝入的 30% 會導致過量進食（脂肪食物的體積小）與新陳代謝降低。

建議：

控制體重者應按照能量平衡所要求的量，按照健康原則攝入熱量，否則就會過量進食。如果目標是減肥，其飲食中來自脂肪的熱量應低于飲食攝入總熱量的 30%，最好是 20%。高脂膳食無益于減體重的成功或保持形體，並且又會使身體攝入的熱量轉變為體脂。

（三）蛋白質

蛋白質的主要功能是構成及修復身體的組織和結構。蛋白質也參與激素、酶和其他調節性肽的合成。而且，如果身體裡的卡路里和碳水化合物不足時，蛋白質還可用于提供能量。我們吃下的動物性蛋白或植物性蛋白的分子在體內分裂成氨基酸並被吸收。氨基酸是用來建築細胞壁、肌肉組織、激素、酵素等的基本物質。血液運輸著大量的蛋白質、能夠凝結成塊的纖維蛋白，以及輸送氧氣的血紅素。

健身訓練能增加蛋白質——有氧訓練能夠增加酵素；力量訓練能夠增加收縮蛋白（肌動蛋白和肌凝蛋白）。所以，蛋白質對經常參加運動的人來說極其重要。

氨基酸作為直接的能量來源

如果人體需要持續腦和神經系統活動。能量或碳水化合物攝入過低，人體就會用氨基酸（從食物中獲取或體內蛋白質分解）來提供能量。首先，氨基酸脫氨基，其次，分離出的碳鏈用于合成葡萄糖和酮體以提供能量。脫去的氨基呈團形胺，是一種有毒的化合物，胺隨血液送至肝臟並在肝臟中轉變為尿素，最後透過腎臟以尿的形式排泄。如果攝入的蛋白質超過機體的需求，那麼來自于飲食所攝入的蛋白質分解產生的氨基酸脫去氨基後的碳鏈碎片就會以脂肪的形式儲存起來。

建議：

運動型飲食結構。建議每天以蛋白質形式吸收的熱量應占總熱量的15%。對于一個愛好運動的成年人來說，每日消耗的熱量要有 10% 來源于蛋白質；對于耐力、力量型運動員每日從飲食中獲得蛋白質見表 4-4-3。

表 4-4-3 蛋白質的需求量

	蛋白質占每日消耗量百分比	每日每公斤體重所需克數
愛好運動的人	10%	0.8g~1.0g
耐力型運動員	15%	1.2g~1.4g
力量型運動員	17%	1.4g~1.8g

（肖春梅，丘君芳，梁小杰 . 健康運動指南 . 北京：北京體育大學出版社，2005）

表 4-4-4 一般食物中的蛋白質含量

食物	量	蛋白質(g)
豆類	113.6g	6~8
牛肉	113.6g	20~28
奶酪	28.4g	7
雞	14.2~85.2g	24~30
辣椒	227.2g	20
玉米	113.6g	3
魚	113.6g	25~30
漢堡	113.6g	20
牛奶	227.2g	9
花生醬	42.6g	4
Pizza	1 片	10

（肖春梅，丘君芳，梁小杰 . 健康運動指南 . 北京：北京體育大學出版社，2005）

（四）維生素

維生素和礦物質有時被稱作微量元素。人體對它們的需要量非常少，但它們對人體的各種新陳代謝以及其他一些重要的生理功能卻起著舉足輕重的作用。維生素在一般情況與酵素的結構有關，而酵素在細胞代謝過程中是極其重要的。酵素由大量的蛋白質和輔酵素組成，維生素參與活性成分輔酵素的形成，也就是說沒有維生素就無法形成輔酵素，人體代謝過程就會停止工作，並且還會產生有毒的化合物。維生素缺乏或不足，就會發生維生素缺乏病。維生素根據其溶解性質，可分為水溶性和脂溶性兩大類。

1. 水溶性維生素

水溶性維生素指可溶解于水的維生素。水溶性維生素包括維生素 C（抗壞血栓）、B1（又稱硫胺素）、B2（核黃素）、B6（磷酸吡哆醛）、B12（钴氨酸）、泛酸、葉酸、生物素等。

該類維生素有兩個主要特點：

（1）不在體內儲存因而必須經常攝取。當體內的這些營養素已經充足時再過量補充，多餘部分可透過尿液排出體外，一般不會中毒。

（2）此類維生素大多是構成人體多種酶系的主要輔基成分，參與人體的糖、蛋白質和脂肪等多種代謝。

2. 脂溶性維生素

脂溶性維生素指可以溶解于脂類的維生素通常是與食物中的脂肪一起被吸收的。其特點是排泄慢，可在肝臟內儲存，因此短期缺乏者採用一般的血液指標查不出來。脂溶性維生素 A（視黃醇）、D、E、K 的功能大不相同。表 4-4-5 列出了維生素的種類，它們較好的食物來源以及它們所起的營養作用。

表 4-4-5 維生素的作用和來源

營養物質	重要作用	來　源
水溶性維生素		
維生素 B_1	能量製造	豬肉、穀類、豆類
維生素 B_2	能量製造	牛奶、蛋、魚、肉、綠葉菜
菸鹼酸	能量製造	堅果、魚、家禽、穀類
維生素 B_6	能量製造核蛋白質代謝	肉、綠葉菜、蔬菜、水果
葉酸	紅、白血細胞、RNA、DNA胺基酸	肉、綠葉菜、蔬菜、水果、豆類、堅果
維生素 B_{12}	血細胞、RNA、DNA、能量製造	肉類、奶製品、蛋
蛋白毒素抗體	脂肪和氨基酸代謝、糖原合成、	豆類、蔬菜、蛋
維生素 C	傷口癒合、結締組織、抗氧化、免疫功能	柑橘、蔬菜
脂溶性維生素		
維生素A	視力、免疫功能	奶製品
β-胡蘿蔔素	細胞增長、抗氧化	蔬菜、水果
維生素D	骨骼、牙齒	陽光、魚、奶製品、蛋
維生素E	抗氧化	植物油、堅果、綠葉菜
維生素K	凝結血液	肉、綠葉菜、穀類、水果、奶製品

（肖春梅，丘君芳，梁小杰.健康運動指南.北京：北京體育大學出版社，2005）

建議：

維生素所起的許多作用對于生命和健康都是至關重要的。近期研究表明有一些維生素對于使免疫系統發揮出最佳的作用十分重要。為了保證免疫系統的健康，平衡膳食應包括：

β-胡蘿蔔素——（胡蘿蔔、紅薯）刺激正常的吞噬細胞和免疫系統的細胞來抵禦傳染病

維生素 B6——（馬鈴薯、堅果、菠蘿）促進白細胞生長

葉酸——（豌豆、鮭魚、野萵苣）增強白細胞活動能力

維生素 C——（柑橘、花椰菜、辣椒）提高免疫反應

維生素 E——（所有穀物、麥芽、植物油）刺激免疫反應

練習者在長時間進行大量高強度運動、控制體重、減肥等情況下應加強維生素營養狀況的檢測，並在醫生指導下適量補充維生素。

（五）礦物質

人體所需的礦物質微量元素包括：鐵、鋅、銅、錳、鉻、碘、硒、氟等。礦物質對酵素、細胞活動、激素、骨骼、肌肉、神經活動、酸鹼平衡都有十分重要的作用。許多食物都含有礦物質，但礦物質主要還是集中在動物組織和動物性產品中（見表 4-4-6）。其中比較容易發生營養問題的是鐵和鋅。

表 4-4-6 礦物質的作用和來源

礦物質	重要作用	來　源
鈣	骨骼、牙齒、凝結血液、肌肉收縮	奶製品、豆科植物、蔬菜
氯化物	消化、細胞外體液	食物中的鹽
鉻	能量製造	豆科植物、穀類、肉類、植物油
銅	鐵代謝	肉類、水
氟	骨骼、牙齒	茶葉、海產品、水
鎂	甲狀腺激素	魚、奶製品、蔬菜、碘鹽
磷	骨骼、牙齒、酸鹼平衡	奶製品、肉類、魚、家禽、穀類
鉀	神經傳導、體液和酸鹼平衡	綠葉菜、香蕉、肉類、奶製品、馬鈴薯、咖啡
硒	抗氧化	海產品、肉類、穀類
鈉	神經功能、體液和酸鹼平衡	鹽
硫	肝臟功能	食物蛋白
鋅	酵素活性	奶製品、肉類、魚、家禽、穀類、水果、蔬菜
鐵	運輸氧	肉類、蛋類、蔬菜和穀類

（肖春梅，丘君芳，梁小杰 . 健康運動指南 . 北京：北京體育大學出版社，2005）

1. 鐵

鐵是血紅蛋白、肌紅蛋白以及多種酶的組成成分，它在機體內最突出的功能是運輸氧。是一種人體必需的元素。鐵對于經常運動的人來說是尤其重要。大量的鐵儲存在參與製造血紅素的血液中，血紅素是紅血球中的一種化合物，它能夠將肺中的氧帶到工作的肌肉中。在肌紅蛋白中，鐵還被用來運輸和儲存氧，在重要的氧化酵素中鐵也是必不可少的。

鐵缺乏的最常見的後果是貧血，鐵缺乏最明顯的功能性損害表現為血紅蛋白降低。鐵缺乏還可以引起免疫機能減退及某些免疫物質減少。

運動中有大量的鐵經汗液丟失，汗液中也還有一定量的鐵，使經常運動的人鐵丟失又高于一般人。運動量過大還會降低鐵的吸收率，使食物所供應的鐵得不到充分的利用。

女性由于月經失血、控制體重的人由于食物中鐵攝入不足，易發生鐵的缺乏，均為缺鐵的易感人群。除瘦肉以外，大棗、葡萄乾、豆類、李子干和杏等食物都含大量的鐵。如果你想瞭解自身的鐵的水平，最好諮詢醫生和營養專家，在決定依靠藥物來補鐵之前要對體內鐵的狀況進行檢查。因為體內鐵的水平太高，有可能引發心臟病。在沒有發生貧血的情況下，沒有必要服用單一的、大劑量的鐵補充劑。通常情況下，主要應從膳食中補允。

建議：

（1）葷素搭配、平衡膳食，有利于食物中礦物質的利用與吸收。

（2）多使用富含維生素 C 的食物，如柑橘、青椒、菜花、生的新鮮蔬菜和水果，可以促進鐵的吸收。

（3）大量運動後不宜立即進食，應當休息，以待胃腸道的血流得到充分恢復；也不宜在吃飯時喝茶，否則，這些因素都會影響鐵的吸收。

（4）對缺鐵的人來說應注意多吃一些瘦肉、肝、動物血製品等，以補充優質鐵。

（5）女性運動鍛鍊的最佳運動強度應當控制在有氧運動的範圍內，同時加強鈣的攝入，可以防止骨質的流失。

2. 鈣

鈣是骨骼和牙齒的主要成分。鈣也參與肌肉收縮、神經傳導、血液凝結以及酵素活動。對于愛好運動的人來說鈣尤為重要，因為鈣的攝入量與骨質疏鬆症關係密切。骨骼是抵抗壓力的組織，鈣的攝入和負重訓練能使骨骼強壯，同時可降低由于年齡增長所造成的骨密度降低的速度。

年輕女性如果進行多項高強度的訓練，再加上體重的減輕、鈣攝入不足、壓力大等因素有時會影響她們正常的月經週期。這些變化會減弱雌性激素對骨骼的保護作用，從而引起骨密度降低和疲勞性骨折。減少訓練強度、適當增加體重、增加鈣的攝入量能夠防止骨質流失。所以年輕女性在進行身體鍛鍊時，要控制好運動強度；在有氧運動範圍內，同時注意加強鈣的攝入，這樣才能防止骨質流失。

3. 鋅

鋅是許多重要代謝酶的成分之一，是植物、動物、人類都必需的元素之一。相當一部分鋅儲存在人體的骨骼中。鋅的主要作用是輔助酶參與體內的生理過程。人體缺鋅時會味覺遲緩、人體生長緩慢、皮膚改變、免疫機能異常。動物性食物中含有豐富的鋅，如肉類、肝臟、蛋類和海產品。植物性食物的鋅主要包含于穀類中，但穀類所含的鋅不易被人體吸收。飲用水中也含有一定量的鋅，但比例很小。大量運動後可以補充一定量的含鋅復合營養劑；在沒有醫囑的情況下，每日所服用的鋅補充劑不宜超過 15mg。藥物補充是無法替代食物的營養補給的，若鋅攝入不足需補充也應以平衡膳食為主。

（六）水

水是生命之源。占成年人體重約 60% 為水。當營養不足時，如常量營養素、維生素、礦物質缺乏時人可存活幾週甚至幾年，而沒有水人僅能存活幾天。

攝入充足水分將會產生以下方面功效：

（1）增強內分泌功能

（2）減少體內液體潴留

（3）增強肝功能，提高能量供應中脂肪的利用率

（4）減少飲食

（5）增強新陳代謝功能

（6）全身份配營養物質

（7）增強體溫調節

（8）維持血容量

脫水對人體的影響：

（1）減少血容量

（2）運動能力下降

（3）血壓下降

（4）出汗少

（5）中心體溫升高

（6）心率增加

（7）皮膚血流量減少

（8）增加疲勞的產生

（9）肌糖原利用增加

不經常運動的人每天大約需要 2.5 升的水來補充由尿液、糞便、皮膚以及肺的呼吸作用所失去的水分。但在炎熱的環境中運動時，可能會使排汗量在連續數小時內達到平均每小時流失 1 升水，甚至會超過每小時 2 升。如果不及時補充流失的水分，就會造成脫水的生理反應，嚴重者會引起痙攣、心力衰竭甚至危及生命的中暑現象。

建議：

（1）減肥者應當比常人多喝水，每天至少飲 8 ～ 12 杯水而不應用減少水分的攝入來減輕體重。

（2）如果因為鍛鍊出汗而減輕體重，應盡快把失去的水分補充回來，恢復失去的體重。

三、健身運動結合營養控制是減肥妙方

人民生活水平的提高帶來飲食結構的變化導致越來越多的人因肥胖而得多種病症，給生活和工作帶來許多不便。我們說的肥胖是指超出標準體重的

實際體重。其原因主要是人體過剩的營養物由于運動不足而轉化為脂肪存在于人體內。

為了身材苗條而減肥，人們一般採用運動來消耗人體能量或調整營養結構的辦法。從影視明星減肥和保持優美身段的經驗中得以證明運動鍛鍊結合營養控制的減肥效果最佳。1985年美國電視明星艾琳葛深信：「體育運動才是保持身段的唯一妙方。」她堅持每天按時跑步、做操。美國另一位女星普莉西拉認為要使身體健美必須「少食多動」，吃任何東西都只吃半飽。這裡說的少食多動即是把健身運動與控制飲食結合起來。

多食少動是減肥的大敵。肥胖絕大多數是因飲食過量、能量消耗減少導致脂肪堆積而造成的。在肥胖者中屬能量代謝不平衡的占67.5%；屬飲食不當的占少數偏吃甜食、鹽味過重的肥胖者占3.2%；只有極少肥胖者是遺傳因素造成的。毛澤東在聽取了他的保健醫生徐濤「肥胖多不是營養好造成的，而是運動不足造成的」道理後，接受了醫生的意見在晚年還克服生理惰性堅持步行鍛鍊，活到了83歲。中國著名思想家梁漱溟活了90多歲，他的長壽經驗只有四個字「少食多動」。

科學研究還表明，多吃易使吸收的能量超過消耗導致體內能量聚積，形成脂肪堆積；過剩脂質，沉積于血管壁，引起血管硬化，造成動脈粥樣硬化等心血管病；動脈粥樣硬化可導致血管彈性降低，血液流動受阻，因而容易患高血壓、心肌梗塞等病。科學家在對古埃及木乃伊的解剖中發現王公貴族的殭屍動脈硬化最為明顯，而殉葬的奴隸殭屍的動脈硬化程度很輕，有的甚至沒有。對減肥者來說最重要的是增加健身運動，同時控制飲食。

控制飲食只是減肥的一個重要方面，日本健身運動處方創始人之一的玲木慎次郎教授的實驗研究證明：「矯正肥胖的方法不僅要減少食量，還要每日進行中等強度的運動。」

有些人在減肥時只注重節食，這種減肥效果其實並不好。美國生理學家勞倫斯認為，每週減輕體重一磅簡直等于自殺。他解釋說：「迅速減肥的節食處方，無異于把肉撕下來，是有害而無效的。」他提倡健康而有效的長期減肥方法：在可以接受的程度下增加運動，逐漸消耗多餘熱量。

目前社會上流行的饑餓減肥法更不可取，1971年和1978年兩次獲奧斯卡最佳女演員獎的美國好萊塢影星簡方達在其自編的《簡方達健美術》（1981年出版後一直暢銷，譯成20多種文字出版）中就堅決反對節食減肥法、饑餓減肥法、自導嘔吐法、藥物減肥法。她敘述自己曾用這些減肥方法減肥而使身體虛弱、而且得了慢性糖尿病。後來，她堅持鍛鍊用運動結合控制飲食的方法減肥，效果一鳴驚人。

饑餓減肥法使脂肪減少，體內蛋白質虧損，維生素和礦物質不足。長期採用饑餓減肥法會使機體的抵抗力下降，激素分泌紊亂，甚至可能會引起精神壓抑和飲食行為紊亂。

科學證明，減肥的最佳方法是健身運動結合飲食控制。在運動結合飲食調節減肥時要注意以下幾點：

（一）瞭解各種食物所含熱量

只有懂得各種食物的含熱量，才能有計劃地選擇飲食，合理控制熱量吸收。在選配食物熱量時可參照表4-17。

表4-17 各種食物含熱量（千卡/100g）

食物名稱	熱量(千卡)	食物名稱	熱量(千卡)	食物名稱	熱量(千卡)
穀類		乾豆類		豆製品類	
秈稻	350	黃豆	411	黃豆芽	92
粳米	347	綠豆	332	綠豆芽	30
糯米	347	紅豆	319	豆腐	41（南方）
小麥粉	352	蠶豆	316		70（北方）
高粱米	361	鹹菜類		麵筋	95
玉米麵	363	醃雪裡紅	21	豆腐干	172
鮮豆類		泡青菜	37		
毛豆	134	榨菜	54	鮮果類	
豌豆	80	鹹蘿蔔乾	106	橘	53
蠶豆	90	醃大頭菜	101	橙	39
四季豆	31	泡青菜	18	蘋果	62

食物名稱	熱量(千卡)	食物名稱	熱量(千卡)	食物名稱	熱量(千卡)
葉菜類		乳品類		梨	40
大白菜	19	人乳	65	桃	32
油菜	25	羊乳	71	李	40
高麗菜	24	豆代乳粉	447	柿	48
菠菜	18	水產類		棗	103
萵筍	11	黃魚	78	荔枝	64
萵苣葉	25	帶魚	139	枇杷	29
韭菜	30	青魚	125	香蕉	90
芹菜	20	草魚	110	甘蔗	53
空心菜	28	鰱魚	118	根莖類	
莧菜	34	鯉魚	115	紅薯地瓜	172
瓜及茄類		鱖魚	106	馬鈴薯	78
番茄	13	墨魚	64	白蘿蔔	26
茄子	22	黃鱔	83	芋頭	78
辣椒	24	海鰻	94	胡蘿蔔	34
南瓜	29	河蝦	75		
絲瓜	27	河蟹	82		
冬瓜	10	田螺	70	家畜類	
黃瓜	13	蛋類		肥豬肉	829
西瓜	21	雞蛋	166	瘦豬肉	330
苦瓜	17	鴨蛋	186	臘肉	267
乾果及硬果類		皮蛋	182		
乾紅棗	309	家禽類		豬腎	105
柿餅	291	雞	104	豬肝	128
葡萄乾	293	雞肝	111	肥牛肉	267
桂圓	282	鴨	134	瘦牛肉	143
花生米	546	鴨肝	138	肥瘦牛肉	270
炒南瓜子	519	鵝	144	牛肝	135
炒葵花子	628	油脂及調味品		牛腎	86

食物名稱	熱量(千卡)	食物名稱	熱量(千卡)	食物名稱	熱量(千卡)
乾核桃仁	669	豬油	591	肥瘦羊肉	367
食用菌及藻類		植物油	900	羊肝	155
鮮蘑菇	25	白糖	397		
黑木耳	304	醬油	76		
		醋	22		

（傅立功，陳琦，楊貴林 . 健身運動處方 . 北京：華夏出版社，1993）

（二）根據預定耗熱量確定健身運動處方

每人每日從食物中獲取的熱能一般不超過 1 200 卡路里。據測 1 磅（0.4536kg）脂肪可產生 3 500 卡熱能。如按每週減少 1 磅左右的脂肪攝入量來制訂減肥計劃的話，必須每週至少從食物中減少 500 卡熱量。減肥者一般每天從食物中減少吸收 200 卡熱量，同時要透過健身運動去消耗 200 ～ 300 卡熱量。這樣長期堅持下來，既不痛苦，效果又好。

每天從食物中減少 200 卡熱量的吸收是比較容易控制的，可以參考表（4－7）所列常用食物含熱量的多少，來選擇飲食方案。

運動消耗熱能的方式是：強度越大，熱能消耗得越多；強度雖然一樣，運動時間不同，消耗的熱能也不同。運動的強度和時間可用熱能表示，反過來，減肥者可透過運動中耗熱量的多少來選擇運動強度和時間。

例如：體重為 80kg 的人要想透過運動耗掉 200 卡，他只要打 17 分鐘乒乓球或參加籃球運動 10 分鐘即可辦到。計算方法很簡單，查表 4-4-8 可知乒乓球與籃球運動的耗熱量分別是：0.1490 和 0.2588 卡 / 公斤體重 / 分。

$200-0.1490 \times 80 \times t1$，$200-0.2588 \times 80 \times t2$ 得出 t1、t2 分別約 17 分鐘和 10 分鐘。

表 4-4-8 各種活動的能量消耗

內容	卡/公斤體重/分	內容	卡/公斤體重/分
站立	0.0157	廣播操	0.0766
穿脫衣服	0.0452	短跑	0.1105
洗臉刷牙	0.0292	長跑	0.1384
洗澡	0.0305	兵乓球	0.1490
洗衣	0.0507	籃球運動	0.2588

續表

內容	卡/公斤體重/分	內容	卡/公斤體重/分
鋪床	0.0507	排球運動	0.2015
掃地	0.0507	蝶泳	1.0110
提水	0.0780	旱泳	0.1525
做飯	0.1015	太極拳(簡化)	0.1002
織毛衣	0.0276	少林拳	0.2497
談話	0.0398	跳繩115次/分	0.2833
吃飯	0.0327	引體向上12次	0.6501
步行	0.0673	羽毛球	0.136
散步	0.0407	步行100步/分	0.1331
騎自行車	0.1472	足球(比賽)	0.1419

（傅立功，陳琦，楊貴林 . 健身運動處方 . 北京：華夏出版社，1993）

　　日本專門研究出以各種速度跑（或步行）10 分鐘時按體重計算所消耗的熱量，沒有條件用球類、體操、舉重等項運動減肥的人，可採用一定時間的跑或步行也可達到減肥目的。表 4-4-9 中列出了各種跑和步行的速度及 10 分鐘時每公斤體重的耗熱量。

　　表 4-4-9 各種速度跑（或步行）10 分鐘消耗的熱量

跑或步行速度	每公斤體重在1分鐘內消耗熱量	跑(或步行)10分鐘按體重計算所消耗的熱量(卡路里)						
公尺/分鐘	卡/公斤/分鐘	40	50	60	70	80	90	100(公斤)
60	0.018	31	39	47	55	62	70	78
80	0.097	39	49	58	68	78	87	97
100	0.115	46	58	69	81	92	104	107
120	0.134	54	67	80	94	107	121	134
140	0.153	61	77	92	107	122	138	153
160	0.171	68	86	103	120	137	154	171
180	0.190	76	95	114	133	152	171	190
200	0.209	84	105	125	146	167	188	209
220	0.227	91	114	136	159	182	204	227
240	0.246	98	123	148	172	197	221	246
260	0.265	106	133	159	186	212	237	265
280	0.283	113	142	170	198	226	255	283
300	0.302	121	151	191	211	242	272	302

（傅立功，陳琦，楊貴林．健身運動處方．北京：華夏出版社，1993）

（三）合理營養

中國膳食的熱量主要來自糧食，因此減少熱量吸收最主要是減主食。膳食中的蛋白質也多來自糧食，所以減主食時應及時補充含有豐富蛋白質的食物。

注意多吃不易致胖的食品。這種食品大致分為三類：

（1）奶和奶製品；

（2）瘦肉、魚和蛋；

（3）蔬菜和水果。

經常食用這三類食品能保證機體的各種營養成分的需要，同時能控制體重。

合理營養總的要求是：每天所攝入的能量要與消耗的能量大體相抵，要使每天所攝入的有限食物中儘可能含有豐富的營養素。具體要求：

（1）脂肪及含量應占能量攝取的 25% ～ 35%，其中一部分應是不飽和脂肪酸；

（2）飲食中糖的含量要低；

（3）蔬菜、水果、漿果、魚、瘦肉和各類食物的消耗量應相當高；

（4）每天吸收總熱量不超過 1 000 卡路里；

（5）每天食用食鹽在 100mg 以下；

（6）少食多餐，一日三餐可改為四至六餐。

（四）適當節食

在保證人體必需的營養前提下適當節制飲食，但不要餓肚子；尤其要避免過度節食。

四、運動飲食的熱門話題

（一）健身運動越多食慾越大嗎

體力活動減少，食慾不一定隨之降低。事實上常常與之相反，愈是少活動愈想吃東西。養牛的人懂得這個道理，因而經常把牲口關在欄裡減少它的活動，使它多吃草來增肥。實驗證明讓動物隨意吃東西，其中每日活動 40 ～ 50 分鐘的動物比那些不活動的要吃得少些。不運動的牛體內脂肪迅速堆積，肌肉組織變得鬆軟。

不少人養尊處優、大吃大喝，而四體不勤、很少勞動。這種環境似乎很令人羨慕，可是對他們的身體而言卻潛伏著禍患，飽食終日而又缺乏運動只會讓人一天天痴肥，導致心臟和血管的病態。

（二）時斷時續的減肥運動有效果嗎

按運動處方減肥，如果一曝十寒，就很難收到實際效果。減肥運動者常以為只要跑若干公里就可以使自己減肥，其實四五十分鐘的跑步會減輕兩三斤體重，但這種情況失去的大部是水分，只要喝上幾杯水或咖啡很快又補充上了。

減肥者跑 1 次可能消耗 200 卡的熱量，但如果跑步之後又終日坐著不動，也不控制飲食，那麼不但不會減輕體重，反而會增肥。

（三）是否可以吃營養品和補品來代替一日三餐呢

補品令一些人錯誤地以為可以不必吃什麼飯了，補品對大多數成年健康人是不需要的。維持身體健康所需要的 50 種養分，是不可能從補品中全部得到的。這 50 種養分只能從每日的飲食中得到。

人們需要的是營養上的平衡即生命需要與飲食之間的平衡，在營養素的攝取上走極端對健身運動會起副作用。喝大量果汁、只吃蔬菜或肉類，都會造成營養不平衡，所有的維生素和礦物質吃多了都可以產生毒化作用，不要輕信種種關于營養方面似是而非的說法。

（四）在控制熱量方面，在食物與運動哪個更重要

現代社會的人們若不缺乏營養的前提下，想要控制熱量，應當是運動比進食更重要。對肥胖型或瘦型的人來說，少吃食物和多吃食物，對人體機能的正常運轉都有消極作用。以健身運動為主結合飲食的控制，對減肥和增肥都是最佳方法。

（五）哪些運動消耗熱量最多

熱量消耗由人體活動量的大小和活動距離的遠近來決定。借此就可以判斷任何一種運動消耗熱量的大小。如一個體重 75kg 的人雙手抓住單杠做一次引體向上（相當于把 75kg 重物向上推 55cm 左右然後放下來），這個動作雖然十分累人，但它消耗的熱量並不比相同體重的人跑上一步多。因為跑步是利用身體各部分運動而形成肌肉的，引體向上則不是這樣。只有那些有助于血液循環的運動才是消耗熱量快而又不感到疲勞的運動。

（六）為什麼說跑步是達到健身的好辦法

跑步可以增強心肺、血液循環系統的功能。心血管系統的健康是身體健康的最好標誌。

但跑步不是促進心血管系統健康的唯一辦法，任何使全身活動的項目（如騎健身自行車、使用劃動器械等）都可以使心血管系統活動加快。所以，任

何健身運動處方都必須包括一些持續性的全身運動，每隔一日進行一次，這是健身的基礎。

（七）運動前和運動時要不要吃東西

大多數人運動前不吃食物感到更舒適，但適當吃點也無妨（運動前最好喝杯水）。一般運動前不要吃油膩的東西。

運動時如感到渴可以喝水。運動時補充點體液是必要的，不會造成肥胖但不要暴飲。

（八）經常鍛鍊者要多攝入一點蛋白質嗎

蛋白質的關鍵作用不在提供能量，而是提供人體必需的化學物質。一般來說，我們吃的大部分蛋白質來源于含動物脂肪很高的牛、羊、豬肉和乳製品。對蛋白質的需求並不因人體參加活動而增加。一個經常運動的人並不比同體質坐辦公室的人需要更多的蛋白質。但如果要鍛鍊肌肉，那就需要多一點蛋白質。

（九）鍛鍊時要不要穿運動服來保暖

運動鍛鍊將消耗體能並產生熱量，但是這種熱量只有在運動前感到冷時才有價值。過于熱則是另一種無效負擔。鍛鍊時要按季節氣候情況穿衣以身體感覺舒適為宜，不要穿過多的衣服運動。

（十）週末空閒時間多，用來鍛鍊身體好嗎

效果並不好。一星期都坐在辦公室沒有運動，身體已適應這種狀況，突然用許多時間鍛鍊恐怕比不運動更差，還可能影響目前的健康水平。

（十一）人體每天對各種營養成分需要量是多少

糖、脂肪和蛋白質的每日產熱量比例為 4：9：4。劇烈運動消耗熱能多時，如果主要靠穀類來獲得熱量則飲食量會很大，使腸胃負擔過重。在預防或治療肥胖症時，吃糖還要比吃脂肪更加利于節制。實驗表明糖類吸收最好占總熱量的 40% 以下。

脂肪的需要量一般可占吸收總熱量的 20% ～ 25%，進行劇烈活動時可占 30%。要注意多吃植物性脂肪（但椰子油卻可使血清膽固醇含量增加），少吃動物性脂肪（魚和雞的脂肪並不使膽固醇含量增加），以防動脈硬化。

蛋白質的攝取量為大約每公斤體重攝入 2g 即可。

每公斤體重需要 0.8mg ～ 0.9mg 維生素 C，維生素 B1、B2 和 VPp 的需要量按消耗 1 000 卡熱量時所需能量來計算。每消 1 000 卡熱量需要 0.4mg VBl，0.53mg VB2 和 6.6mg VPp。礦物質必需量，鈣為 0.6mg，鐵為 10mg ～ 12mg，磷為 0.9g。

模塊五 常見的運動損傷及其防範

學習目標

● 瞭解造成運動損傷的原因

● 學會常見運動損傷的處理方法

運動損傷是指在運動過程中發生的各種傷害事故。形體訓練的目的是增強體質、健身美體，然而在鍛鍊過程中不重視預防工作可能就會發生運動損傷。運動損傷不僅會影響練習者參加正常的鍛鍊，甚至還會影響日常的生活和學習。那麼造成運動損傷的原因是什麼呢？

一、造成運動損傷的原因

（1）不重視練習前的熱身活動和練習後的放鬆活動。

（2）運動量過大，造成身體疲勞。

（3）著裝、鞋子不合適。

（4）技術動作不正確。

（5）練習場地與運動器材不適。

（6）缺少必需的營養供應。

二、常見的運動損傷及處理方法

（一）擦傷

鍛鍊時因皮膚受挫而開裂、出血或組織液滲出。如果是小面積擦傷，可用紅藥水塗抹傷口，不必包紮。若大面積擦傷，則應先用生理鹽水洗淨後再塗抹紅藥水，覆蓋消毒布，最後用紗布包紮。如發現撕裂，則應及時到醫院進行縫合。

（二）挫傷

挫傷是因練習者相互碰撞或撞擊器械所致。一般性挫傷，在傷處會出現紅腫、皮下出血和疼痛。如果是內臟器官受到損傷則會出現頭暈、臉色蒼白、出虛汗等症狀，重症者還會因內臟出血而引起休克。處理輕傷者需在 24 小時內先冷敷患處、抬高傷肢，必要時加壓包紮。待過 24 小時後，可施行熱敷、按摩。若是內臟受到損傷應及時送醫院治療。

（三）拉傷

拉傷是指在外力的直接或間接作用下使肌肉過度地主動收縮或被動拉長時造成的損傷。受傷後傷處疼痛、局部腫脹、壓痛、肌肉功能減弱或喪失。

（1）前期處理：一般進行局部冷敷、加壓包紮並抬高傷肢，待過了 24 小時後拆除包紮，視傷情處理。

（2）中期處理：改善傷部的血流和淋巴循環，促進組織的新陳代謝，使淤血與滲出液迅速吸收，加速再生的修復。可採用熱療、按摩、拔罐、藥物、早期功能鍛鍊等。

（3）後期處理：增強和恢復肌肉關節功能。如有瘢痕、硬結和粘連，應使用按摩理療和功能鍛鍊，適當使用藥物，設法使之軟化鬆懈。

（四）肌肉痙攣

肌肉痙攣又稱抽筋，是一種強直性肌肉收縮不能緩解放鬆的現象。抽筋常發生在腿部的腓腸肌、屈姆肌和屈趾肌；常因冬季訓練前的準備活動不充分或穿衣單薄，小腿肌肉受到寒冷的刺激，肌肉不適應劇烈運動所致。在訓練中腿若抽筋首先要注意保暖，對痙攣的肌肉用力量加以牽引。坐在地上用

抽筋的同側手扶住抽筋腿的膝蓋，另一手搬住小腿下部用力向上搬，拉長抽筋肌肉；也可以用按摩的辦法，用手使勁按摩、推、揉、搓抽筋部位或用熱毛巾、熱水袋敷都可以解除痙攣。

（五）關節韌帶損傷

在形體訓練中，以肩關節、踝關節、髕骨、腰部關節的韌帶損傷最為常見。在高低不平的場地上運動、運動前的準備活動不足等都會使踝關節易發生內翻而造成外側副韌帶的扭傷、斷裂甚至骨折。因徒手練習中臂或腿擺幅過大而造成的肩關節和腰部受傷，或是因技術上的錯誤造成的手腕或腿部關節致傷，一般表現為壓痛或疼痛，急性期有腫脹和皮下淤血，關節功能發生障礙等。關節韌帶損傷後，在 24 小時內先冷敷患處，抬高傷肢，必要時加壓包紮，過了 24 小時後可採用理療、按摩和針灸等方法治療。待疼痛減輕後，可增加功能性練習。對急性腰部扭傷，如果出現劇烈疼痛時，則不可輕易扶動，應讓患者平臥，並用擔架送醫院診治。處理後應臥硬板床，在腰下而墊一枕頭使腰部肌肉韌帶處于放鬆狀態，這樣會對治療有明顯的效果。

（六）關節脫位

因受外力作用使關節失去正常的連接關係叫關節脫位，又稱脫臼。關節脫位可分完全性脫位和錯位兩種。脫位後常出現關節畸形、劇烈疼痛、明顯的壓痛、關節周圍明顯腫脹，同時關節功能喪失，有時還會發生肌肉痙攣，嚴重時會出現休克。出現關節脫位後，先用夾板或三角巾固定傷肢，並盡快送醫院治療。如沒有整復技術和經驗，切不可隨意做復位動作，以免加重傷情。

（七）骨折

身體某部位受到直接或間接的外界力量的撞擊時可造成骨折。常見的骨折有肱骨骨折、尺橈骨骨折、手指骨折、小腿骨折、肋骨骨折等。骨折後患處出現腫脹、疼痛難受、肢體失去正常功能，肌肉可能產生痙攣，骨折部位可見到畸形，嚴重時還伴有出血和神經損傷，甚至發燒及突發休克等現象。骨折後切勿隨意移動肢體，需先用夾板或其他代用品固定傷肢。若出現休克應先施行人工呼吸；若伴有傷口出血，應同時止血並及時護送至醫院治療。

三、運動損傷的防範

在訓練過程中由于氣溫、場地條件、運動量等原因而導致運動損傷的發生是難免的，但如何才能使受傷的幾率降到最低限度呢？

（1）選擇適合自己的練習方法

每個人的身體狀況都各有不同，人的身體都是脆弱而易受傷的，然而男性的力量較強而女性的柔韌性較好，因而男女受傷的類型往往大相逕庭。練習者要根據自身身體狀況選擇適合自己訓練的方法和強度才是減少受傷幾率的根本。

（2）及時注意自己的身體反應

肌肉隱約出現的痛感便是有關身體狀況的警告標誌。要及時對身體進行檢查以免身體出現受傷。

（3）及時調整自己的鍛鍊計劃

練習者經過一週的鍛鍊後訓練水平仍未有所提高，就應該停止訓練並重新安排訓練方案。對于身體特殊部位的訓練可以採取輪流訓練的方法。

（4）保證自己的身體得到充分的休息

在訓練的間歇期應當使自己的身體得到充分的休息。肌肉始終處在緊張的工作狀態中，就會因過度疲勞而受傷。訓練量越大肌肉恢復的時間也就越長。

（5）避免過度疲勞

當身體感到十分疲勞時千萬不要勉強進行訓練以免使自己受傷。過度疲勞往往是由于訓練過度引起的。肌肉、肌腱或關節出現了疼痛和腫脹的感覺便是疲勞的先兆。四肢無力、肌肉不由自主地出現抖動現象、肌肉麻木、肌肉發燙等都是過度疲勞的徵兆。過度疲勞往往會導致失眠、咳嗽、感冒及其他一些病症。

運動後應注意的事項

(1) 鍛鍊後不要急于進食。一般運動後間隔 30 分鐘再進食,如果是較劇烈的運動間隔的時間還要長一些。

(2) 鍛鍊後應及時補水。在運動中或運動後即刻科學補水,原則是少量多次。

(3) 劇烈運動後切勿立即坐下休息,應當做一些放鬆運動,例如慢走等。

(4) 運動後可以採用積極性恢復手段使緊張的肌肉充分伸展、放鬆,改善肌肉組織的血液循環,以緩解肌肉痠痛,使肌肉疲勞盡快恢復。如壓腿、展體等被動性牽拉活動。

(5) 出現肌肉疼痛後不要停止鍛鍊,應繼續堅持鍛鍊,這樣有助于盡快消除肌肉疼痛。運動的強度可以減小,時間可以縮短,多做一些伸展性的練習,堅持幾天疼痛就會消失。

第五單元 體能訓練篇

▌模塊一 前庭耐力訓練

學習目標

●瞭解前庭器官的構造

●學會增強前庭耐力的方法

一、什麼是前庭耐力

前庭耐力是指空服人員在飛行中對連續顛簸、搖晃等運動的耐受能力。前庭耐力與人的平衡機能的穩定性有著直接關係，前庭耐力差的人在飛行中容易出現頭暈、頭疼、惡心、嘔吐、面色蒼白等「暈機」症狀而影響工作任務的完成。暈機主要是前庭分析器受到過強的刺激，超過了它的耐受限度而引起的。

二、前庭器官的構造

人體空間定向機能系統（即能感知人體在空間的體位變化和維持人體的平衡的系統）是由多種分析器協同作用的結果，它包括視覺分析器、前庭分析器、本體感受器、聽覺分析器和觸覺分析器等。其中前庭分析器起著重要的作用。

前庭分析器的外圍部分位于內耳，由三半規管、前庭（橢圓囊和球狀囊）和耳蝸共同組成。由于內耳管道曲折複雜，狀如迷宮，所以叫迷路（如圖 5-1-1 和圖 5-1-2）。

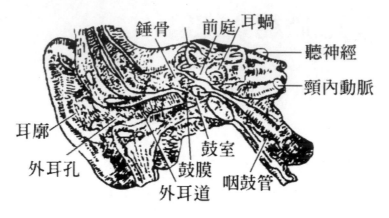

圖 5-1-1

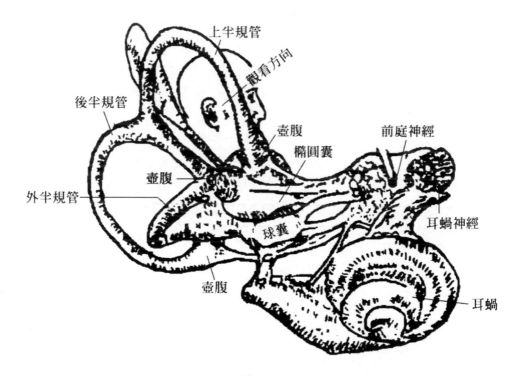

圖 5-1-2

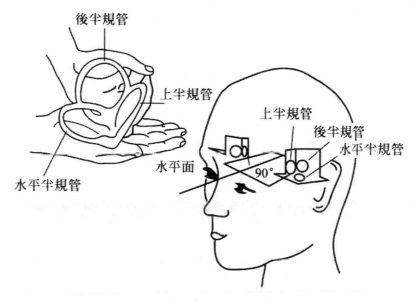

圖 5-1-3

　　三半規管由三個半月形的彎曲小膜管組成，位于內耳迷路的後上方。各小管的位置互相垂直，分別叫上垂直半規管、後垂直半規管、水平半規管（如圖 5-1-3），管內充滿液體稱為內淋巴液。三個半規管都開口于橢圓囊內：每個半規管有一個膨大體稱壺腹，壺腹內有一個小的隆起叫壺腹脊（圖 5-1-4）；壺腹脊是一個感覺裝置，主要感受旋轉變速運動的刺激。

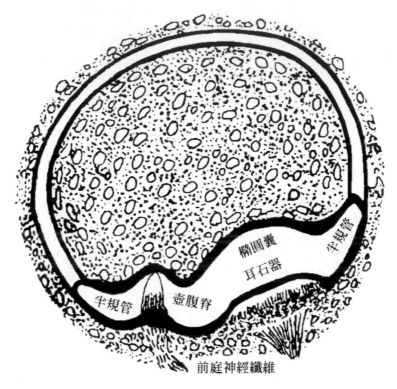

圖 5-1-4

　　前庭發生的神經衝動與支配眼肌的神經相聯繫，可以反射性地引起眼肌有規律地收縮，產生眼震；與支配頸部、四肢和軀幹部位的運動神經相聯繫，可以反射地引起四肢軀幹肌張力正常關係失調，上體向旋轉一方傾倒，不能沿直線行走，定向能力下降或遭到破壞；與植物神經相聯繫，會產生一系列植物神經反應，如頭暈、惡心、嘔吐、出冷汗、面色蒼白、脈搏血壓改變等。

　　飛機的起落、加速度是引起空暈病（亦稱暈機病）和產生空間定向錯覺的直接原因。體弱、疲勞過度、大腦皮層功能不良對前庭器官的控制能力也會減弱，長期停飛造成的適應性減退、胃腸功能不良、心血管功能障礙、缺氧等都能使前庭功能反應增高，容易產生暈機症狀。

　　暈機症能透過一些有效的措施來加以預防。透過採取藥物防治和反覆的飛行訓練可以提高空服人員的前庭耐力。但藥物（如內服鎮靜劑）帶來的副作用是顯而易見的，並且效果是暫時性的。空服人員透過飛行實踐逐漸提高

前庭耐力從理論上講是可行的，但不宜作為提高空服人員前庭耐力的專門方法。實踐證明，透過系統的、特定的地面體育訓練才是提高空服人員前庭耐力最有效的方法。

三、前庭耐力訓練方法

（一）主動鍛鍊法

1. 轉頭操

「對稱地面平衡操」是一種簡便易行，不受時間、場地、條件限制的鍛鍊方法。依次可做左、右搖頭（a），左、右擺頭（b），前俯後仰（c），向左旋轉 360 度（d），向右旋轉 360 度等動作。頭動頻率可掌握每秒 1 ～ 2 次，每種動作 50 秒。每做 25 秒休息 5 秒，5 分鐘做一遍。早晚各做一次，每次做兩遍。堅持 3 ～ 6 天就會有成效。練習過程中的頭動頻率和練習時間，因人而異、循序漸進。如圖 5-1-5。

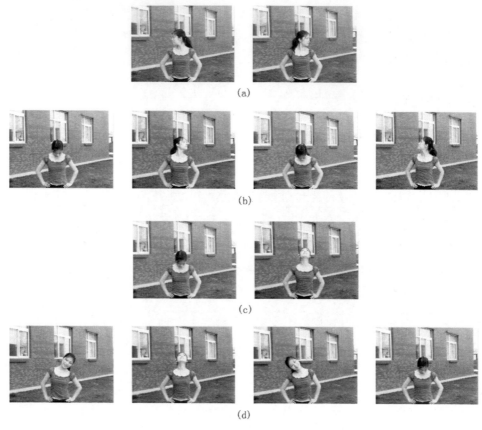

圖 5-1-5

2. 地轉

練習者可成體操隊形，一臂間隔，或在田徑場內練習，一排一排單獨進行訓練。練習者右手抱左臂的肩關節處，兩腿並齊站立、屈體，左臂垂直食指指向地面，做原地 360 度連續旋轉，按照教練的口令或要求進行練習。要結合課程的進展逐步提高質量，左右臂結合練習。如圖 5-1-6。

圖 5-1-6

3. 仰轉

「仰轉」與「地轉」動作要求基本相似，將頭部上仰進行左、右旋轉練習，一般以秒、分鐘進行練習，一般不超過 1 分 30 秒。如圖 5-1-7。

4. 立轉

做「立轉」練習時兩臂平行展開，雙腿平行站，兩眼平視前方，做向左、向右旋轉練習。逐步增加難度，提高質量。如圖 5-1-8。

5. 對轉

兩人相對站立，相互握對方的雙手，身體略後仰。做向左或向右原地旋轉。如圖 5-1-9。

圖 5-1-7

圖 5-1-8

圖 5-1-9

6. 前滾翻

蹲撐開始，低頭含胸，雙腳斜後方蹬地同時雙手撐地，身體團起，膝關節靠近胸部，身體呈球形，頭、肩、背、腰、臀、腳依次著地向前滾動。如圖 5-1-10。

圖 5-1-10

7. 後滾翻

蹲撐開始，低頭含胸，雙腳斜前方蹬地，身體團起，膝關節靠近胸部，身體呈球形，臀、腰、肩、背、頭依次著地向後滾動，當肩部著地同時雙手撐地，身體還原成蹲姿。如圖 5-1-11。

圖 5-1-11

（二）被動鍛鍊法

用各種加速旋轉的器械使人體接受被動的旋轉訓練。如做固定滾輪的旋轉訓練時被動抓住由另一人帶動旋轉。考慮到視覺對暈機的影響，在做訓練時應睜眼與閉眼相結合，交替進行。被動鍛鍊的旋轉速度、練習時間可以隨意控制，便于掌握運動量，效果明顯。

四、前庭耐力訓練應遵循的原則

（一）全面發展，突出重點

人體各器官的循環系統是在中樞神經系統調節下的有機統一體，有機體的各個組成部分都是互相聯繫、相互影響的。只有加強身體素質的全面訓練，在身體協調平衡發展的基礎上才能更好地增強前庭耐力鍛鍊的效果。

（二）貴在堅持

前庭耐力鍛鍊積累 50 個小時即可見到成效。但下降和消退也比較快，一般停止鍛鍊 5 ～ 7 天就會出現消退現象。經過系統鍛鍊最多可以保持 4 個月。所以要持之以恆，養成良好的鍛鍊習慣。

（三）循序漸進

前庭分析器對旋轉和擺盪刺激有一個逐步適應與提高的過程。前庭耐力鍛鍊必須遵循由小到大、由易到難的原則，練習的次數、時間、強度應逐漸

增加，不能操之過急。每次鍛鍊要有頭暈和全身發熱的感覺，但不要達到惡心的程度。一般應根據每人能耐受刺激量的一半作為開始刺激量，防止刺激量過大而造成前庭器官永久性損傷。

（四）練習方法要靈活

經常變換練習方法可提高前庭耐力鍛鍊的效果。旋轉練習時應睜眼與閉眼交替進行，快速與慢速交替進行。鍛鍊應根據每個空服人員的身體素質情況因人而異，有所側重，科學靈活地掌握訓練方法。

五、前庭耐力的測試與評價

測試方法（一）：抗眩暈操測試

測試場地：地板、草地或地面平整、質地較軟的場地。畫一條 10m 白線。

測試方法：受測者嚴格按照動作規範和節奏要求，在規定的時間內依次連續完成雙腿連續縱跳、坐撐左右側屈、圓背前後滾、仰臥左右側滾、左右側後滾、抱膝螺旋滾。完成後立即站起並在無任何幫助的條件下，沿直線行走 10m。測試員測量以受測者左右腳印的最外側緣為準，測量其兩腳印的左右最大偏離度不超過 1m。

評價標準：

0 度：能順利直行 10m，無不良反應。

1 度：能行走 10m，但不能完全沿直線行進，有輕微頭暈、惡心、顏面蒼白、微汗等。

2 度：不能沿白線直行 10m。有明顯的頭暈、惡心、嘔吐、顏面蒼白、大汗淋漓、肢體震顫、精神委靡或不能堅持完測試者。

只有 0 度為合格、1 度與 2 度均為不合格。

測試方法（二）：電動轉椅測試

測試器材：使用空軍招飛電動轉椅。

測試方法：受檢者坐在轉椅上頭直立靠在頭托上。以 2 秒一圈（180 度 /秒）的角速度向左匀速旋轉，旋轉中閉目，隨節拍器連續左右擺頭（60 度），

1 次 /2 秒，共轉 45 圈，90 秒。根據轉椅檢查後大于 30 min 出現的前庭自主神經反應分為 4 度。

評價標準：

0 度：無不良反應。

1 度：有輕微頭暈、惡心、顏面蒼白、微汗等。

2 度：有頭暈、惡心、發熱、顏面蒼白、額部可見微細的冷汗珠、打戰、嘔吐等反應。

3 度：有明顯頭暈、頭痛、惡心、嘔吐、顏面蒼白、大量冷汗、肢體震顫和精神抑鬱等反應。

2 度或 3 度反應者為前庭自主神經反應敏感。

模塊二 有氧耐力訓練

學習目標

●懂得有氧耐力訓練的機理

●學會增強有氧耐力的方法

一、有氧耐力訓練方法

（一）有氧健身操

1. 項目介紹

有氧健身操是一項深受廣大群眾喜愛的健身運動，它主要採用各種體操和舞蹈動作配合節奏明快的音樂創編而成，練習者在不斷變化的音樂節奏下變換練習的動作，透過不斷增強興奮度鍛鍊身體的協調性、靈活性，同時減緩練習者的疲勞與緊張。另外，節奏性運動對于呼吸、循環系統都有良好作用，能有效提高有氧工作能力。

2. 運動目的

　　（1）有氧健身操可以全面、均衡地活動全身各部位的關節、肌肉，增強機體的供氧功能，防止肌肉、骨骼的廢用型退化。

　　（2）練習者在音樂伴奏下配合全身的肌肉活動來調理情緒、舒展精神，促進心理健康。

　　（3）練習有氧健身操可以健美形體，鍛鍊心血管機能，提高有氧能力，增強體質。

　　（4）練習有氧健身操可以增強身體的協調性、平衡性，防止神經功能減退。

3. 運動的形式與方法

有氧操組合

（1）　1~4 拍	5~8 拍	（2）　1~8 拍	（3）　1~4 拍
右腳支撐身體，左腳尖後點地，雙臂側平舉，同時手臂帶動身體向左轉一周。	左腳向前一步，右腿向後平伸，保持身體平衡，雙臂側平舉，身體和右腿呈水平，微抬頭。	左腿向前畫叉，呈豎劈腿，雙手放身體兩側，目視正前方。	右腳向前上步，左腿伸直下壓，雙手夾緊身體兩側，身體前傾。

5~8 拍	（4）　1 拍	2 拍	3 拍
左腳併於右腳，身體轉向正前方，雙臂夾緊體兩側。	右腿屈膝，右手五指併攏，右臂胸前上屈，左臂胸前平屈。	同 1 拍，做反方向動作。	雙腿併攏，雙臂於胸前平屈，雙手下垂。

圖 5-2-1

4 拍

雙腿分開半蹲，雙臂
放於體兩側。

5 拍

左腳尖後點地，同時
雙手經兩側抬至頭
上擊掌。

6~8 拍

左腳後點地，雙手五
指張開，放在耳朵兩
側，雙臂體側彎曲。

(5) 1 拍

左腿向後抬起45
度，雙手手臂前伸，
手指呈花掌。

2 拍

左腿前弓步，雙臂胸
前交叉，雙手握拳。

3 拍

右腿前弓步，雙臂側
平舉，雙手握拳。

4 拍

右腿前弓步，雙臂斜
前舉，雙手呈花掌。

5 拍

左腿後吸，右臂胸前
彎曲，左臂腰後彎
曲，雙手握拳。

6 拍

右腳後點地，左臂體
側下伸，右臂頭上伸，
雙手握拳。

7~8 拍

右腿側踢起90度，左
臂頭上舉，右臂向體
右側下擺，雙手握拳。

(6) 1 拍

右腿前弓步，同時身體
轉向右側，面向正前方
雙臂頭前彎曲，五指張
開，掌心朝前。

2 拍

身體面向正前方，自
然站立。

圖 5-2-1（續）

3 拍	4 拍	5 拍	6 拍
右腿後抬起45度，同時身體轉向左斜方，雙臂前伸，五指張開，目視正前方。	右腿向左斜前弓步，同時身體轉向左斜方，雙手前舉，手呈花掌。	身體面向正前方，左腿側吸，右臂體右側屈臂，右手扶頭，左臂體前屈，手扶於左胯。	左腿前伸並抬高25度，雙臂胸前彎曲，右臂在上，上下重疊。雙手握拳，目視正前方。

7 拍	8 拍	(7)　1 拍	2 拍
右腿向前踢起25度，左臂胸前彎曲，右臂側平舉，雙手握拳，目視正前方。	右腿前屈向左踢起45度，右臂上抬彎曲，手呈花掌，左手扶於左胯。目視正前方。	雙腿分開半蹲面向正前方。身體轉向右側，同時雙手前頭前彎曲，五指張開，掌心向外。	面向正前方，右腿向右側抬起25度，右臂夾緊體右側，左臂側平舉，五指併攏，目視正前方。

3 拍	4 拍	5 拍	6 拍
左腿向左側抬起25度，右臂胸前上屈，左臂胸前平屈，右手握拳。左手五指併攏，目視正前方。	同2拍動作，做反方向動作。	雙腳開立，雙手放於體兩側，目視前方。	雙腳開立，右膝彎曲，雙手在左耳旁擊掌。

圖 5-2-1（續）

7 拍

雙腳開立，左膝彎曲，左臂向上側屈，右臂側下舉，雙手握拳，頭向右側看。

8 拍

雙腿併攏，左臂彎屈上舉，手心向外，五指併攏上伸，右臂側平舉。

(8) 1~4 拍

右腿前弓步，雙臂體側彎曲上舉，五指張開。

5~8 拍

右腳側點地，右臂斜上舉，左手扶胯，頭向左下方看。

(9) 1 拍

左腿向後彎曲，雙臂斜上舉，手心內扣，手呈花掌。

2 拍

右腿向後彎曲，雙臂胸前平屈，雙手握拳。

3 拍

左腿向後彎曲，雙臂側平舉，雙手握拳。

4 拍

雙腳開立，雙臂交叉於頭頂(左手在前)，五指併攏，掌心向前。

5 拍

雙腳開立，雙膝彎曲，雙手斜下擺，五指併攏，掌心向下。

6 拍

雙腳併攏，雙臂交叉於頭頂上(右手在前)，五指併攏，手心向前。

7 拍

雙腳開立，雙膝彎曲，雙肩胸前平屈，身體向左側腰，雙手握拳相對。目視左下方。

8 拍

雙腿併攏，右臂斜上舉，手心向下，左臂胸前斜屈。五指併攏，目視左下方。

圖 5-2-1（續）

（10） 1 拍	2 拍	3 拍	4 拍
左腿向後彎曲，右臂側平舉，左臂胸前平屈，雙手握拳。	右腿向後彎曲，雙臂斜上舉，手心內扣，手呈花掌。	左腿向後彎曲，雙臂胸前平屈，雙手握拳。	右腿向後彎曲，雙臂側平舉，雙手握拳。

（11） 1 拍	2 拍	3 拍	4 拍
右腿側吸，雙臂頭上舉，五指併攏，掌心向前。	右腿前弓步後身體轉向右斜方，雙臂斜前伸，五指併攏，掌心向下，目視正前方。	左腿前吸，雙臂側屈，手指尖扶於兩肩，目視右下方。	左腿前伸抬起25度，右臂前伸，左臂側平舉，五指併攏，掌心向下。

5 拍	6 拍	6 拍	8 拍
左腿前吸，雙臂胸前平屈，雙手握拳，目視左下方。	左腿前伸抬起25度，左臂側平舉，右臂前伸，雙手握拳。	右側後點地，右臂胸前平屈，左臂前伸，雙手握拳。	雙腿併攏，右臂側平舉，左臂前伸，雙手握拳。

圖 5-2-1（續）

| (12)　1 拍 | 2 拍 | 3~4 拍 | 5~6 拍 |

雙腳前後開立身體轉向左側方，右臂胸前屈，左臂胸前平屈，雙手握拳，目視正前方。

右腳前點地，右臂胸前平屈，左臂前舉，五指併攏，掌心向下。

身體轉向後方，左腿側吸，雙臂側半舉。

身體轉向正前方，左腿側吸，右手扶右肩，左臂側屈，掌心向上。

| 7、8 拍 | (13)　1 拍 | 2 拍 | 3 拍 |

雙腿併攏，自然站立。

左腿後抬起25度，雙臂側上舉，雙手呈花掌。

左腿前吸，右臂左斜下伸，左臂側下擺，五指併攏，雙手立掌，目視正前方。

右腿後吸，雙臂胸前交叉，五指張開，掌心向內。

| 4 拍 | 5 拍 | 6 拍 | 7 拍 |

同3拍動作，做反方向動作。

右腿後點地，右臂前舉，左臂彎曲，扶後腰。

右腿側點地，右臂側平舉，左臂上舉，雙手呈花掌，掌心向上。

身體面向正前方，右腿後點地，雙臂上下重疊（左臂在上），雙手握拳。

圖 5-2-1（續）

8 拍

右腳後點地，右臂前舉呈花掌，左臂胸前平屈，五指併攏。

(14) 1 拍

右腿向側抬起25度，右臂側下擺，左臂側上舉。雙手併攏，掌心向下。

2 拍

右腿左斜方抬起25度，右臂側平舉，左臂前下舉，身體面向左斜方，五指併攏，掌心向下。

3 拍

左腿向側後方抬起25度，雙臂胸前交叉，雙手握拳。

4 拍

左腿向右側吸腿，右臂側屈，左臂側平舉，雙手握拳。

5 拍

右腳後點地，雙臂胸前交叉，雙手握拳。

6 拍

雙腿開立，右臂側下垂，右手貼大腿，左臂側上舉，五指併攏，掌心向下。

7 拍

雙腿開立，雙膝彎曲，右臂緊貼身體右側，左臂側屈，五指併攏，掌心向外，頭向右側傾斜。

8 拍

雙腿開立，雙臂胸前平屈相抱。

(15) 1~4 拍

右腳向後方上步，同時身體轉體540度，雙臂側屈，五指張開，掌心向外。

5~6 拍

身體轉向右側，左腿向上踢起90度，雙臂側下舉雙手握拳。

7~8 拍

同5~6拍動作，做右腿動作。

圖 5-2-1（續）

(16)　1 拍	2 拍	3 拍	4 拍
左腳向前 V 字步，同時左臂側屈抬起，五指併攏，掌心向上。右臂緊貼身體右側。	雙手側屈抬起，五指併攏，掌心向上。	身體轉向左側，雙腳前後開立（左腳在前），雙臂胸前交叉，雙手握拳，拳心向內。	雙腿併攏，雙臂體側彎曲，雙手握拳，拳心向上。

5 拍	6 拍	7 拍	8 拍
雙腳前後開立（左腳在前），雙臂前伸，雙手握拳，拳心向下。	雙腿前後開立，左腳後點地，雙手彎曲握拳放於體側。	同5拍動作。	右腿後吸，雙臂胸前平舉，雙手握拳，拳心向下，目視正前方。

(17)　1 拍	2 拍	3 拍	4 拍
右腿後伸25度，雙臂前下伸，雙手握拳，拳心向下，目視正前方。	同第(16)第8拍動作，做反腿動作。	同1拍動作，做反腿動作。	身體轉向正前方，雙腿開立，雙膝彎曲，雙臂夾緊身體兩側，雙手握拳，拳心向上。

圖 5-2-1（續）

5 拍	6 拍	7 拍	8 拍
雙腿開立，膝蓋彎曲，左臂放於體側，右臂向左前方下伸，雙手握拳。	雙腿開立，雙膝彎曲，雙臂體前舉交叉，雙手握拳，拳心向下。	雙腿開立，半蹲，雙手叉腰。	雙腿併攏，自然站立。

(18)　1 拍	2 拍	3 拍	4 拍
雙腿開立，雙臂上舉，五指併攏，掌心向前。	左腿向右腿靠攏，同時雙膝半蹲，右臂側平舉，左臂胸前平屈五指併攏。	同1拍動作。	雙腿併攏，自然站立。

5 拍	6 拍	7 拍	8 拍
同1拍動作。	同2拍動作，做反方向動作。	同1拍動作。	雙腿開立，右腿彎曲，雙手頭頂上方擊掌。

圖 5-2-1（續）

(19)　1拍	2拍	3拍	4拍

身體轉向左側，雙腿前後開立（右腿在前），右臂前舉。左臂上舉，雙手張開，掌心向內。

左腿後吸，右臂前舉，左臂上舉，雙手張開，掌心向內，目視正前方。

身體轉向正前方，左腳側點地，雙臂側平舉，五指併攏，掌心向下。

左腳向右側方點地，右手扶頭部，左手扶胯。

5拍	6拍	7拍	8拍

左腳帶動身體，向左轉180度。雙臂夾緊身體兩側。

右腳向後方上步，左腳點地，雙臂夾緊身體兩側。

身體轉向正前方，左腳向前上步，雙臂胸前側擊掌。

雙腿併攏，雙臂胸前半屈重疊。

(20)　1~2拍	3~4拍	5~6拍	7~8拍

左腳向側併步，雙臂胸前平屈重疊（左臂在上）。五指併攏，掌心向下。

右腳後點地，右臂後上舉，左臂前舉，五指併攏，掌心向下。

同1~2拍動作，做反方向動作。

雙腳開立，雙臂胸前平屈相抱。

圖 5-2-1（續）

(21)　1 拍	2 拍	3 拍	4 拍
身體轉向左側，雙腿前後開立(左腿在前)，雙手插腰，目視向正前方。	向左轉25度，右腳後吸，雙手插腰。	向左轉25度，右腿側點地，雙手插腰。	同2拍動作。

5 拍	6 拍	7 拍	8 拍
右腿前弓步，右臂側下伸，左臂胸前平屈。	右腿上步，左腳後點地，後臂側平舉，左臂胸前平屈。	雙腿前後開立(右腿在前)，雙臂放於身體兩側。	雙腿併攏，自然站立。

(22)　1 拍	2 拍	3 拍	4 拍
左腳向左側上步，右腳抬起25度，右臂前舉，左臂側平舉。	右腳向左轉25度弓步上步，雙臂放於身體兩側，五指併攏，掌心向內。	左腳前弓步，右臂前下舉，五指併攏。	同一拍動作，做反方向動作。

圖 5-2-1（續）

5 拍	6 拍	7 拍	8 拍
左腳向左轉25度上步，右腿後吸，雙手胸前擊掌。	右腳上步，左腿後吸，雙手胸前擊掌。	左腿前弓步，雙手胸前擊掌。	雙腿併攏，雙手胸前擊掌。

(23) 1 拍	2 拍	3 拍	4 拍
左腳向前上一步，雙臂前後擺動(右臂在前)。	右腳向後上一步，雙臂前後擺動(左臂在前)。	同1拍動作，做反方向動作。	同2拍動作，做反方向動作。

5 拍	6 拍	7 拍	8 拍
左腿側弓步，右腳點地，左臂胸前平屈，右臂背於身後。	雙腿開立，屈左腿，右臂向前彎曲擺動。	左腳側上步，左腳側點地，右臂側下伸，左臂側上舉，身體向右側下腰。	雙腿併攏，自然站立。

圖 5-2-1（續）

(24) 1~4 拍

雙腳小碎步向後退,雙臂夾緊身體兩側,含胸低頭。

5 拍

雙腿開立,向左側頂胯,雙臂胸前上屈,雙手握拳。

6 拍

雙腿開立,向右側頂胯,雙臂側平舉,五指併攏,掌心向下。

7 拍

雙腿開立半蹲,雙臂胸前平屈,雙手握拳。

8 拍

右腿側弓步,右臂上舉,左臂前舉,雙手呈花掌。

(25) 1 拍

左腿前吸,右臂胸前平屈,左臂側平舉,五指併攏。

2 拍

左腿前弓步,雙臂上舉,五指併攏。

3 拍

同1拍動作,做反方向動作。

4 拍

右腿後吸,右臂側屈,左臂插腰,雙手握拳。

5 拍

右腿後吸,雙臂側平舉,雙手握拳。

6 拍

左腿弓步,右臂側上舉,左臂插腰,雙手握拳。

7 拍

右腳側點地,右臂側上舉,左臂插腰,雙手握拳。

圖 5-2-1(續)

8 拍	(26) 1 拍	2 拍	3 拍
雙腿併攏，自然站立。	左腳向左斜方上步，右臂前舉，左臂扶左胯，雙手握拳。	右腿前吸，左臂前舉，右臂扶右胯，雙手握拳。	左腿向左斜方弓步，右臂前舉，左臂扶左胯，雙手握拳。

4 拍	5~6 拍	7~8 拍	(27) 1 拍
左腿屈膝，左腳點地，右手扶右胯，左臂前舉，雙手握拳。	左腿屈膝，右腳點地，右臂下伸，左臂上舉，雙手握拳。	同5~6拍動作，做反方向動作。	左腿弓步，雙臂前舉，雙手握拳。

2 拍	3 拍	4 拍	5 拍
雙腿併攏，雙手放體側，自然站立。	同1拍動作，做反方向動作。	右腿後吸，雙臂胸前上屈，雙手握拳，拳心向內。	右腿側點地，雙臂前下舉，雙手握拳。

圖 5-2-1（續）

　　運動強度、時間、頻度：練習者應根據自身的體質和承受能力控制和安排鍛鍊的速度、力度、重複次數、組數、間歇時間等。初練者每次鍛鍊後，應以冬天有少量出汗，略有疲勞感、心率為 130 ～ 150 次 / 分為宜，總的練習時間不超過 40 分鐘。有了一定鍛鍊基礎後，可以適當增加運動負荷。隨

著鍛鍊水平的提高和體質的增強，負荷強度和負荷量可適當增加，心率最高不超過 150 次 / 分。每週練習 3 ～ 5 次。8 周健身運動處方見表 5-2-1。

表 5-2-1 8 周健身運動處方

星期	時間(分鐘)	最高心率(次/分鐘)	每週次數(次)
1	15	110 ~ 120	3
2	21	110 ~ 120	3
3	21	120 ~ 130	3
4	27	120 ~ 130	3
5	27	130 ~ 140	3
6	36	130 ~ 140	3
7	36	140 ~ 150	3
8	40	140 ~ 150	3

（呂紅斌，王嘉芙，胡建中 . 科學健身方法 . 北京：人民衛生出版社，2000）

注意事項

（1）每一節都可以分開或重複練習，也可以自由組合，持續時間應在 15 ～ 40 分鐘。

（2）鍛鍊前做好準備活動，使關節、韌帶和肌肉活動開，防止損傷。鍛鍊後要做整理運動，使身體逐漸轉入安靜狀態。

（3）鍛鍊應選擇空氣新鮮的場所。

（4）慢性病患者應在醫生的指導下進行鍛鍊。

（二）游泳

1. 項目介紹

游泳是在陽光、空氣、水三者良好結合的自然環境中進行的運動。

游泳時身體在水中呈漂移狀態，為了維持身體的平衡，全身肌肉都參加工作。由于在水中沒有固定的支撐點，所以動作柔和，肌肉收縮也比較緩慢，能夠長時間地發揮肌肉的力量，一般不會受傷，比較適合成年人的生理特點；而且，人在水中全身承受水的壓力，這對于體重較大、行動不便的人來說，沒有陸地上鍛鍊時支撐體重的負擔，是一項很好的運動。

游泳對全身皮膚、肌肉是一個刺激，可以增強體溫調節能力和對環境的適應能力。水對于人體的壓力，每下潛 1 米，就增加 0.1 個大氣壓，能促使呼吸加強、加深。

游泳的水環境對人體的呼吸、皮膚、肌肉等的刺激，以及身體呈水平運動的姿勢等都有利于血液回心，能促進心血管系統機能的改善；同時，流體靜水壓力能促進靜脈外周血管收縮，能改善下肢靜脈血管功能的不足。水對人體的力學作用與水的密度大于空氣的密度有關，在快速運動時為了克服水的阻力，就要求身體增加做功，因而對心血管系統功能的改善有明顯效果。由于鍛鍊者心血管調節能力提高，對寒冷刺激能迅速產生適應性反應，增強了機體對環境的適應能力。所以，游泳是一項很好的適合成年人的健身運動。

2. 運動目的

（1）提高人體體溫調節能力，增強抗寒、耐熱等身體適應環境變化的能力。

（2）提高心血管系統的功能，增進全身的耐力。

（3）改善呼吸系統機能，提高機體免疫力。

（4）消除多餘脂肪，促進形體匀稱健美。

3. 游泳的練習方法

游泳運動分競技游泳（蝶泳、仰泳、蛙泳、爬泳）和實用性游泳（爬泳、蛙泳、潛泳、踩水）。練習游泳的姿勢很多，對成年人來講，最好學習蛙泳。據實驗表明，人體在練習游蛙泳時身體姿勢比較平穩，水的支撐面積大，練習起來運動省力、呼吸方便、視野寬、易持久練習，適用于長時間、遠距離游泳。

（1）熟悉水性

熟悉水性是學習游泳的重要環節，它對于初學者來說是一個不可踰越的重要階段。熟悉水性的目的是使初學者瞭解和體驗水的特性，克服怕水的心理，掌握水感，如浮力感、阻力感、壓力感等；習慣游泳時身體姿勢的改變，培養對游泳的興趣；掌握一些水中活動的基本技能，即水中的移動、呼吸、浮體和滑行；逐步適應水的環境為進一步學習和掌握各種泳姿技術打好基礎。

（2）水中移動

身體側對池壁，手扶池邊向前、向後邁步行走；也可以面向池壁，手扶池邊向左、向右邁步行走。手扶池壁或5～6人手握手向前、後、左、右走動。與同伴手拉手成圓圈地走、跑或互相推水、戲水。

（3）練習呼吸

①手扶池槽或手握同伴的手做深呼吸後閉氣。然後慢慢下蹲把頭部全部浸入水中，停留片刻，鼻、嘴在水中慢慢吐氣，直到吐完，然後起立，在水面上吸氣後再重複做幾次。水中的呼吸要按照「快吸、稍閉、慢呼、猛吐」這一特殊的節律進行。

②同上練習。吸氣後頭浸入水中，稍閉氣即在水中用嘴和鼻同時吐氣時抬頭，在嘴將出水面時用力把氣吐完，隨即用嘴迅速吸氣後將頭部又立即浸入水中。如此反覆練習，做到吸、閉、吐氣有節奏地進行，見圖5-2-2。

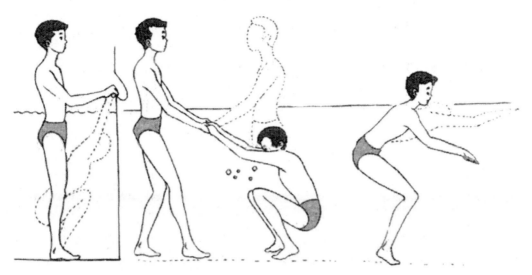

圖 5-2-2

（4）浮體與站立

①抱膝浮體站立練習

原地站立深吸氣後下蹲，低頭抱膝，雙膝儘量靠近胸部，前腳掌蹬離池底成抱膝低頭姿勢，自然漂浮于水中。站立時兩臂前伸向下壓水並抬頭，同時兩腿伸直腳觸池底站立，兩臂自然放于體兩側。見圖 5-2-3。

②展體浮體練習

吸足氣後身體前倒入水，閉氣、抱膝、團身低頭。等背部浮出水面後伸直臂和腿，成俯臥姿勢漂浮于水中。站立時收腹、收腿同時兩臂向下壓水。抬頭時兩腿伸直，兩腳觸池底站立，見圖 5-2-3。

圖 5-2-3

（5）滑行練習

　　蹬池底滑行練習：兩腳前後開立，兩臂前上舉。深吸氣後上體前倒並屈膝，當頭、肩浸入水中時前腳掌用力蹬池底，隨後兩腳併攏，使身體成流線型向前滑行。見圖 5-2-4。

圖 5-2-4

4. 蛙泳技術

蛙泳的換氣動作：

（1）水中悶氣

手扶池邊、同伴或教練的手蹲下，使頭沒入水中練習悶氣，若干時間後站起，進而不需保護自行練習。悶氣時間越長越好。若頭部感到不適，即應終止練習。

(2) 水中吐氣

手扶池壁或同伴的手蹲下，將頭沒入水中，徐徐地以口或鼻吐氣，一段時間後緩緩站起。在水中吐氣時間越長越好。注意：不可斷斷續續地間歇吐氣，容易嗆著。

(3) 韻律呼吸

韻律呼吸就是「有規律，有節奏的呼吸」。基本上與前面的水中吐氣極相似：

在水中用口或鼻吐氣，出水面時嘴角「啪」的一聲再用口吸氣，除了注意節奏外，可以配合雙手壓水的動作來進行。

蛙泳轉身動作技術（以左轉身為例，簡介其動作技術）：

(1) 觸壁

在最後一次蹬腿結束時不減速地游近池壁，兩臂前伸，在正前方高于身體重心的地方，右手在上、左手在下，兩手相距 15 釐米左右，手指朝左斜上方觸壁。

(2) 轉身

觸壁後，全手掌壓池壁，隨著慣性屈肘、屈膝團身，同時身體沿縱軸向左側轉動，並抬頭吸氣，左手離開池壁在水中隨著身體向左側轉動並逐漸向左前伸。當身體轉至側對池壁時，向前進方向甩頭並低頭入水。右臂推離池壁，從空中擺臂，同時提臀使兩腳觸臂，兩手前伸，兩腿彎曲準備蹬壁。

(3) 蹬壁

兩腳掌貼在水面下約 40 釐米處，兩臂向前伸直，頭夾在兩臂之間，然後用力蹬離池壁。

(4) 滑行和一次潛泳動作

蹬壁後，身體成流線型滑行；當速度減慢至正常游泳速度時，兩手開始長劃臂至大腿兩側稍停。滑行速度稍慢時，開始收腿；兩手貼近腹、胸、頦下前伸；當兩臂伸直夾頭時，蹬腿滑行，雙臂開始第二次划水時頭露出水面。

蛙泳臂部動作：

（1）開始動作

兩臂繃緊自然地向前伸直，與水面平行，身體成一直線。

（2）抓水

手臂前伸，肩關節略內旋，兩手掌心略轉向斜下方，稍鉤手腕，兩手分開向斜下方壓水。

（3）划水

兩臂分成 40 ～ 45 度角時手腕開始彎曲，雙臂向側、下、後方屈臂划水。

在划水中，屈臂的角度是不斷變化的，一般優秀運動員在划水階段都能屈臂成接近 90 度角，因為這個角度能很好地利用胸背部的大肌肉群，以發揮最大的力量。一般練習者劃臂時，手臂劃至兩臂夾角約成 120 度角時，即應連續向裡過渡做收手動作。划水和收手時，手的路線不應到肩的下後方，應在肩前下方。

為了充分利用一切前進力量來提高速度，在進入划水動作時，練習者應用力量划水，以獲得前進時的最大速度。因此，運動員在划水時身體位置會上升，是合理現象。

（4）收手

收手過程也能產生較大的前進力和上升力。收手過程將手臂向裡、向上收到頭前下方；臂與肘幾乎同時以更快速度來划水，這時不應強調兩肘向裡夾的動作，因為這樣會削弱划水力量，同時也應避免划水路線過大。

當手收至頭前下方時，翻轉雙手掌心成向內、向上，這時大臂不應超過兩肩延長線。在整個收手動作過程中，手的動作應快速地完成。收手結束時，肘關節低于手，大小臂成銳角。

（5）伸臂

伸臂動作是由伸直肘關節、肩關節來完成的。伸臂過程中掌心由朝上逐漸轉向下翻轉，同時手臂向前伸出。

快速伸臂動作是現代蛙泳技術的特點之一，它緊密配合腿的動作，因此在伸臂的同時，肩要向前；頭也幾乎同時向前有「壓」的動作，注意向前伸臂動作中不能有停頓現象。

整個臂部動作的劃動路線，無論是俯視或仰視都是橢圓形的。蛙泳的手臂划水動作是一個完整的動作，划水軌跡是依次由側向下、後、內、前方向移動。划水力量由小逐漸加大，划水速度是由慢到快。

身體在水中蛙泳滑行時要注意幾個方面：

（1）掌握正確的呼吸方法。

在進行蛙泳完整配合練習前，必須熟練掌握正確的呼吸方法，才能在短暫的時間內完成吸氣過程。其方法是：呼氣要由小到大，逐漸加大呼氣量（口鼻同時呼氣），口部一露出水面，立刻用力把氣吐完，並用口快而深地吸氣，呼與吸之間無停頓。

（2）掌握合理的腿部動作。

蛙泳的腿部動作是推動身體前進的主要動力。由于兩腿在蹬夾水併攏時腿有向下壓的動作，此動作既能使身體上升又有利于滑行，能使身體在水中處于較合理的位置因而可以直接影響到呼吸過程完成的好壞。需注意以下幾點：

①收腿時，腳踵向臀部靠攏。

②收腿時，腳掌外翻，使小腿處于垂直部位，加大對水面積。

③蹬夾水的速度要快，一定要蹬到位，即兩腿、兩腳靠攏。

（3）調整身體在水中的位置。

利用兩次至多次腿部動作結合一次手臂動作、一次呼吸的配合練習。主要是利用兩次或多次腿部動作來解決蹬夾水後身體在水中位置偏低的問題，

使初學者盡快掌握呼吸方法,而後再進行一次呼吸、一次手臂及一次腿部動作的正確配合練習。

(4) 閉氣滑行、吐盡吸滿。

在進行完整呼吸配合練習時,要求練習者閉氣滑行,滑下時開始吐氣,並逐漸加大呼氣量。口部一露出水面,即刻用力把氣吐完,並快而深地用口吸滿氣。練習中不強調用早吸氣或是晚吸氣的方法,而是強調「吐盡、吸滿」。

注意事項

(1) 游泳場所的選擇必須注意安全和衛生。水流湍急和水況不明的地方不宜游泳,以免發生危險。

(2) 空腹或飯後 1 小時以內不宜游泳,以免給身體健康帶來不良影響。

(3) 劇烈運動或強體力勞動之後,不能立即下水游泳。

(4) 下水前應做好充分的準備活動。

(5) 出現抽筋現象不必慌張,應設法自救和向他人求救。手指抽筋應將抽筋的手握拳,然後用力張開。這樣迅速地反覆做幾次,就會緩解。小腿或腳趾抽筋應先吸一口氣仰浮于水上,用抽筋肢體對側的手握住抽筋肢體的腳趾,並用力向身體方向拉。同時用同側的手掌壓在抽筋肢體的膝蓋上,幫助抽筋腿伸直。大腿抽筋應仰浮于水面,彎曲抽筋的大腿,兩手用力抱小腿,貼近大腿,反覆振壓以緩解抽筋。

(三) 健身跑

2500 年前的希臘埃拉多斯山崖上刻著:「如果你想強壯,跑步吧!如果你想聰明,跑步吧!如果你想健美,跑步吧!」可見那時的人們就認識到跑步鍛鍊能使人身體健壯、形體健美、腦子聰明。

從生理學角度講,健身跑適合各種年齡和不同身體狀況的人鍛鍊。健身跑可以調節人體的生理機能和各器官的協調功能,使心血管活動加強,促進全身血液循環,及時供給組織細胞能量和氧氣,及時排出汗液和二氧化碳。健身跑還可使大腦獲得充足的氧氣供應,增強大腦對興奮和抑制過程的調節

能力，堅持健身跑不僅能使思維敏捷、手腳靈活，而且可以延年益壽、強身健體。從心理健康方面講，健身跑還可以緩解抑鬱症。

1. 運動目的

（1）鍛鍊心肺功能，提高有氧能力，增強體質。

（2）調節神經系統功能，尤其是調節植物性神經系統功能。

（3）促進新陳代謝，改善消化系統功能。

（4）促進脂肪代謝，控制體重，減肥健美。

（5）防治高血壓、高血脂、動脈硬化等心血管疾病及其他與運動不足有關的疾病。

2. 練習形式與方法

健身跑的方法有很多，如走跑交替法、匀速跑、間歇跑、變速跑和重複跑等。開始進行健身跑時，最重要的是循序漸進、持之以恆。最好採用走跑交替和匀速跑的形式。

（1）走跑交替法

走跑交替法適合于體弱和缺乏鍛鍊的人。方法是先走 100m ～ 200m，然後慢跑 300m ～ 500m，重複數次。初次參加鍛鍊的人一般是走 1 分鐘跑 1 分鐘，交替進行，因個人的具體體質情況而定。經過一段時間鍛鍊之後，就可以縮短走的時間，直到慢跑 5 ～ 8 分鐘。以後每隔 1 ～ 2 周逐漸增加跑步時間和距離，每週跑 3 ～ 5 次。見表 5-2-2。

表 5-2-2 走跑交替運動方案

週次	每週跑2~4次	總時間(分鐘)
1	跑1分鐘+走1分鐘，重複3次，再跑1分鐘	7
2	跑1分鐘+走1分鐘，重複5次，	10
3	跑2分鐘+走1分鐘，重複4次，再跑2分鐘	14
4	跑3分鐘+走1分鐘，重複4次，	16
5	跑4分鐘+走1分鐘，重複4次，	20
6	跑5分鐘+走1分鐘，重複3次，再跑2分鐘	20
7	跑6分鐘+走1分鐘，重複3次，	21
8	跑8分鐘+走1分鐘，重複2次，再跑2分鐘	20
9	跑10分鐘+走1分鐘，重複2次，	22
10	跑20分鐘(要求不休息地連續跑)	20

（任寶蓮，王德平 . 走跑健身運動全書 . 北京：北京體育大學出版社，1999）

（2）勻速跑

勻速跑是在跑的過程中均勻地分配體力。對中年人來說它是比較適合的鍛鍊方式，跑的過程比較省力心率也容易控制。勻速跑方法靈活多樣（如定時間或定距離的勻速跑），可自行掌握。

（3）間歇跑

間歇跑是慢跑和行走交替的一種過渡性練習。一般從跑 30 秒行走 30～60 秒開始，逐漸增加跑步時間以提高心臟負荷。反覆進行 10～20 次控制總時間在 12～30 分鐘，以後每兩週根據體力提高情況再逐漸增加負荷，可每日或隔日進行一次。表 5-2-3 為常用的間歇跑運動方案。

表 5-2-3 常用間歇跑運動方案

週次	慢跑(秒)	行走(秒)	重複次數	總時間(分鐘)	總距離(公尺)
1	30	30	開始8次，以後每天加1次，至12次	8～12	500～800
2	60	30	開始6次，以後每天加1次，至10次	9～15	1 200～2 400
3	120	30	開始8次，以後每天加1次，至10次	15～25	2 400～4 000
4	240	60	開始4次，以後每天加6次	20～30	3 200～4 800

（國家體育總局，普通人群體育鍛鍊標準研製組．普通人群體育鍛鍊標準鍛鍊手冊．北京：高等教育出版社，2003）

（4）變速跑

變速跑是採用快跑和慢跑交替進行的跑步方式。變速跑的形式很多，如等距、不等距、不均勻的快跑和慢跑等。

對于身體健康且經常鍛鍊者，每次持續運動時間宜為 20 分鐘～40 分鐘。從未參加過運動鍛鍊或身體虛弱者，在鍛鍊初期每次運動時間可適當減少，待身體適應後再逐漸增加運動時間，直至達到要求的極限。

運動的頻度可以根據個人對運動的反應和適應程度，採用每週 3 次或隔日 1 次為宜，每週運動總時間不低于 80 分鐘。

鍛鍊時間因人而異。中青年人可以根據自己的生活習慣選擇方便的時間，不過每次鍛鍊的時間應儘量相對固定。

注意事項

（1）跑步前要做好充分的準備活動才能預先促進血液循環、加強肌肉的收縮功能，防止跑步時肌肉拉傷或因劇烈運動出現心肌缺血。長期在水泥地上跑步容易引起小腿脛骨損傷，應儘量選擇在塑膠跑道、草坪或土地上跑。

（2）冬天跑步要注意防寒，跑熱了應當及時脫去厚衣服。跑步時所穿衣服的多少要根據天氣、個人的抗寒能力和跑步時的運動負荷來確定，以跑時不感到太冷又不大量出汗為原則。有風時，前半段應逆風跑，而回程順風跑。夏天跑步應穿背心、褲衩，可以少出汗；如果出汗過多應多喝些淡鹽水補充電解質的損耗以免肌肉抽筋。跑步後要注意做放鬆運動。

（3）感冒、發熱、腹瀉時不宜跑步，女性在月經期間也要暫停跑步鍛鍊。慢性病患者練習健身跑之前要經醫生的檢查許可，並做好自我檢查和按時去醫院複查。

（4）選擇走跑交替進行健身鍛鍊時，隨著訓練程度以及健康水平的提高，可逐步縮短走的距離，而加長持續跑的距離，脈搏不要超過允許的指標範圍。

二、有氧耐力的測試與評價

耐力是絕大多數體育運動項目的基本素質，它反映了人體在較長時間內保持一定負荷強度或動作質量的能力。我們選用了以下測試指標來測定鍛鍊者的耐力素質。

（一）9 分鐘跑

受試對象：男、女

動作規格：自然、適度的耐久跑

測試場地：可丈量的平整地面

測試方法：統一發令後，受試者開始跑步，至 9 分鐘時，發出停止信號，測試員計算所跑距離並記錄。

測試單位：米 /9 分鐘（精確到米）

測試器材：發令槍（或發令哨）、秒錶、判斷距離的標誌物、號碼布

表 5-2-4 9 分鐘跑耐力素質測試指標

	年齡	1 分鐘	2 分鐘	3 分鐘	4 分鐘	5 分鐘
男	20~24	1 200~1 400	1 401~1 680	1 681~1 890	1 891~2 070	2 071 以上
	25~29	1 150~1 310	1 311~1 600	1 601~1 800	1 801~2 010	2 011 以上
	30~34	1 100~1 250	1 250~1 520	1 521~1 710	1 711~1 970	1 971 以上
	35~39	1 040~1 180	1 181~1 490	1 491~1 640	1 641~1 910	1 911 以上
女	20~24	850~1 040	1 040~1 260	1 261~1 570	1 570~1 750	1 751 以上
	25~29	830~1 020	1 021~1 230	1 231~1 510	1 511~1 710	1 711 以上
	30~34	810~990	991~1 200	1 201~1 440	1 441~1 660	1 661 以上
	35~39	790~970	970~1 150	115~1 390	1 391~1 610	1 611 以上

（國家體育總局，普通人群體育鍛鍊標準鍛鍊研製組 . 普通人群體育鍛鍊標準鍛鍊手冊 . 北京：高等教育出版社，2003）

專家點評

　　9 分鐘跑是一項衡量人體持續運動能力的有氧運動項目。注意，由于人體在較長時間的運動後大量血液會淤積在下肢，如果突然停止運動有可能誘發體位性低血壓而導致頭暈甚至暈厥，因此受試者在測試前可在原地做慢跑或踏步的準備活動。經常從事 9 分鐘跑鍛鍊能夠提高鍛鍊者對長時間工作的心理耐受能力、運動器官的持續工作能力，還可直接提高肺活量及增強心臟功能，全面改善健康狀況。

　　（二）5 分鐘上下樓梯

　　受試對象：男、女

　　動作規格：一步一臺階地登樓梯，採用上幾階再下幾階的方式（9 ～ 14 階的樓梯為宜）

　　測試場地：室內外的樓梯均可，樓梯不可太光滑，樓梯每階高度為 14cm ～ 15cm

　　測試方法：聽到口令後受試者開始往返上、下樓梯，測試員記錄 5 分鐘內的數值（上下臺階的總數），測試員可中途報時，以便受試者控制運動負荷。

　　測試單位：階 /5 分鐘

　　測試器材：秒錶、發令哨

　　專家點評

　　5 分鐘上下樓梯是一項衡量人體有氧代謝能力的運動項目。本項目的最大特點是對場地要求簡單、鍛鍊效果明顯。對于平時缺乏專門運動時間或場地的人群來說，登樓梯是一種簡單易行的鍛鍊方法。一般情況下登樓梯健身非常安全，但由于登臺階時膝關節承受較大負荷，有各種關節損傷和疾病的人不宜採用。要注意掌握上下樓梯的節奏，特別是下樓梯時不可過快以免跌倒受傷，最好選擇視野開闊、陽光充足的室外樓梯。各種耐力素質指標證明，5 分鐘上下樓梯對延緩下肢肌肉力量的下降更為有效。見表 5-2-5。

　　表 5-2-5 5 分鐘上下樓梯（階）耐力素質測試指標

	年齡	1 分鐘	2 分鐘	3 分鐘	4 分鐘	5 分鐘
男	20 ~ 24	460 ~ 585	586 ~ 825	821 ~ 1 115	1 116 ~ 1 345	1 346 以上
	25 ~ 29	450 ~ 570	571 ~ 800	801 ~ 1 070	1 071 ~ 1 250	1 250 以上
	30 ~ 34	440 ~ 555	556 ~ 770	771 ~ 1 020	1 021 ~ 1 190	1 191 以上
	35 ~ 39	430 ~ 535	536 ~ 730	731 ~ 990	991 ~ 1 160	1 161 以上
女	20 ~ 24	350 ~ 480	481 ~ 660	661 ~ 860	861 ~ 1 070	1 071 以上
	25 ~ 29	335 ~ 460	461 ~ 640	641 ~ 840	841 ~ 1 035	1 036 以上
	30 ~ 34	320 ~ 435	436 ~ 605	606 ~ 820	821 ~ 1 000	1 001 以上
	35 ~ 39	300 ~ 415	416 ~ 570	571 ~ 805	806 ~ 975	976 以上

（國家體育總局，普通人群體育鍛鍊標準研製組．普通人群體育鍛鍊標準鍛鍊手冊．北京：高等教育出版社，2003）

（三）3 分鐘臺階測試

受試對象：男、女

測試規格：測試時，上下臺階先用右腳再用左腳，即「右上，左上；右下，左下」為一次登臺階動作。按節拍器的節奏來規定腳上下的順序，每分鐘做 30 次，即每 2 秒完成上、下四個節拍動作（即一次登臺階）。

測試場地：室內室外均可

測試方法：在 3 分鐘完成 90 次登臺階動作後，受試者即刻坐在長凳上安靜地坐 3 分鐘。在這一恢復期間，要按如下程序定時測出橈動脈的脈率：

（1）恢復 1 分鐘後，測 30 秒脈搏。

（2）恢復 2 分鐘後，測 30 秒脈搏。

（3）恢復 3 分鐘後，最後一次測 30 秒脈搏。

記下三次脈搏數，填入表 5-2-6 的得分表，並加總數，然後從表 5-2-7 中查到相應的得分。

測試單位：次 /30 秒

測試器材：一條長凳、重椅子或高 50 cm 平臺、節拍器

表 5-2-6 得分表

姓名_____ 性別_____ 年齡_____ 日期_____	
測試1：3分鐘臺階試驗	
心率	
定時紀錄	脈搏次數
1~1.5分鐘運動後	_____
2~2.5分鐘運動後	_____
3~3.5分鐘運動後	_____
三次脈搏數之和	_____
3分鐘臺階試驗評分百分制得分(由表5-2-7查得)	

表 5-2-7 3分鐘臺階試驗得分（表）

男（年齡）		得分	女（年齡）	
17~25	26~50		17~25	26~50
108	110	100	122	125
115	117	95	128	131

續表

		優秀		
121	123	90	134	1377
128	130	85	140	143
134	136	80	146	149
141	142	75	153	155
147	149	70	158	161
154	155	65	165	167
160	162	60	170	173
167	168	55	177	179
		一般		
173	174	50	183	185
180	181	45	189	191
186	187	40	195	197
193	193	35	212	213
199	200	30	217	219
206	206	25	224	225
212	213	20	229	231
219	219	15	236	237
225	225	10	242	243
232	232	5	249	249
238	238	0	256	256

（傅立功，陳琦，楊貴林 . 健身運動處方 . 北京：華夏出版社，1993）

（四）12 分鐘跑測驗

受試對象：男、女

測試規格：做充分的準備活動後盡力跑 12 分鐘。在規定時間末使盡全身力氣，以準確預測有氧運動能力（為達到這一效果，可在限制時間內儘可能快地跑 2 ～ 3 次）。

測試場地：室外 400m 跑道或有 100m 距離標記的室內跑道

測試方法：在給出指令開始跑後，要計算所跑圈數。在 12 分鐘末，根據跑的圈數算出所跑距離。計算預計最大耗氧量，將數據記入得分表。見表 5-2-8。然後從表 5-2-9 中查到相應的得分。

測試單位：米 /12 分鐘

測試器材：發令槍（發令哨）、秒錶、號碼布

表 5-2-8 得分表

姓名_____ 性別_____ 年齡_____ 日期_____
測驗 3：12 分鐘跑測試
跑的全長＝跑一圈長(m)×跑的圈數＋最後一圈跑距－_____m
跑的均速＝跑的全長(m)÷12 分鐘＝_____m/分
預計最大耗氧量＝33.3毫升O₂/公斤/分＋[跑的均速(公尺/分)－150公尺/分]×0.21毫升O₂/公斤/分
這裡：33.3mL O₂/kg/min 是以150m/分速度跑時的需氧量，0.21ml O₂/kg/min是以超過150公尺/分的速度跑時耗氧量。
12分鐘跑測評分(查表5-2-9)＝_____

表 5-2-9 預算最大耗氧量（毫升 /kg/ 分）的得分

男（年齡）						得分	女（年齡）					
17~19	20~29	30~39	40~49	50~59	60~65		17~19	20~29	30~39	40~49	50~59	60~65
67.9	63.1	54.0	47.4	43.8	40.1	100	46.2	44.5	41.6	38.7	36.3	32.1
60.8	56.2	48.7	42.9	39.2	35.6	95	42.7	40.5	37.7	34.5	31.2	27.8
59.4	54.9	47.6	42.0	38.3	34.7	90	42.0	39.7	37.0	33.7	30.2	27.0
57.7	53.2	46.3	40.9	37.2	33.6	85	41.1	38.7	36.0	32.6	28.9	25.9
56.6	52.2	45.5	40.3	36.5	32.9	80	40.6	38.1	35.5	32.0	28.2	25.3
55.7	51.4	44.8	39.7	35.9	32.3	75	40.2	37.7	35.0	31.5	27.6	24.8
54.9	50.6	44.3	39.2	35.4	31.8	70	39.8	37.2	34.5	31.0	27.0	24.3
54.3	50.0	43.2	38.8	35.0	31.4	65	39.4	36.8	34.2	30.6	26.5	23.9
53.5	49.3	43.2	38.3	34.5	30.9	60	39.0	36.4	33.8	30.2	26.0	23.4
52.2	48.0	42.2	37.5	33.6	30.1	50	38.3	35.7	33.1	29.4	25.0	22.6
51.5	47.4	41.7	37.0	33.2	29.6	45	38.1	3.3	32.7	29.0	24.6	22.2
50.9	46.8	41.2	36.6	32.8	29.2	40	37.7	35.0	32.4	28.7	24.1	21.9
50.2	46.1	40.7	36.2	32.3	28.7	35	37.4	34.6	32.0	28.7	24.1	21.9
49.5	45.4	40.2	35.8	31.9	28.3	30	37.0	34.2	31.6	27.8	23.1	21.0
48.7	44.7	39.6	35.3	31.4	27.8	25	36.6	33.8	31.2	27.4	22.5	20.5
46.7	42.8	38.1	34.0	30.1	26.6	15	35.7	32.7	30.1	26.2	21.1	19.4
45.0	41.1	36.8	32.9	29.0	25.4	10	34.8	31.7	29.1	25.2	19.9	18.3
43.6	39.8	35.8	32.0	28.1	24.5	5	34.1	30.9	28.4	24.4	18.9	17.5
36.5	33.0	29.4	27.5	23.5	20.0	0	30.6	27.0	24.5	20.2	13.8	13.2

（傅立功，陳琦，楊貴林．健身運動處方．北京：華夏出版社，1993）

參考書目

刁在箴，鄭捷．新世紀體育健美操．北京：高等教育出版社，2005

樊蓮香，阿里，湯海燕．形體與形象塑造．廣州：中山大學出版社，2004

範曉倩．大眾健美操與舞蹈健身．北京：人民軍藝出版社，2005

傅立功，陳琦，楊貴林．健身運動處方．北京：華夏出版社，1993

郭可愚．形體美．北京：人民體育出版社，2002

國家體育總局．普通人群體育鍛鍊標準研製組．普通人群體育鍛鍊標準鍛鍊手冊．北京：高等教育出版社，2003

李美安．校園舞蹈．湖南：湖南文藝出版社，2002

呂紅斌，王嘉芙，胡建中．科學健身方法．北京：人民衛生出版社，2000

任寶蓮，王德平．走跑健身運動全書．北京：北京體育大學出版社，1999

王錦芳．形體舞蹈．浙江：浙江大學出版社，2006

肖春梅，丘君芳，梁小杰．健康運動指南　北京：北京體育大學出版社，2005

楊斌．形體訓練綱論．北京：北京體育大學出版社，2002

張國榮，余美玉．大學生舞蹈教學指導．上海：上海音樂出版社，2000

張嵐．形體訓練．北京：旅遊教育出版社，2004

張瑞林，黃曉明．健身健美．北京：高等教育出版社，2005

國家圖書館出版品預行編目（CIP）資料

空服人員體態及體能訓練 / 洪濤主編 . -- 第一版 . -- 臺北市：
崧博出版：崧燁文化發行 , 2019.02

面； 公分
POD 版
ISBN 978-957-735-688-8(平裝)

1. 航空勤務員 2. 體能訓練

557.948   108002037

書　　名：空服人員體態及體能訓練
作　　者：洪濤 主編
發 行 人：黃振庭
出 版 者：崧博出版事業有限公司
發 行 者：崧燁文化事業有限公司
E - m a i l：sonbookservice@gmail.com
粉 絲 頁：　　　　　　　　網　址：
地　　　址：台北市中正區重慶南路一段六十一號八樓 815 室
8F.-815, No.61, Sec. 1, Chongqing S. Rd., Zhongzheng

Dist., Taipei City 100, Taiwan (R.O.C.)

電　　話：(02)2370-3310 傳　真：(02) 2370-3210
總 經 銷：紅螞蟻圖書有限公司
地　　　址: 台北市內湖區舊宗路二段 121 巷 19 號
電　　話:02-2795-3656 傳真 :02-2795-4100　　網址：
印　　刷：京峯彩色印刷有限公司（京峰數位）
　　本書版權為旅遊教育出版社所有授權崧博出版事業股份有限公司獨家發行電子
　　書及繁體書繁體字版。若有其他相關權利及授權需求請與本公司聯繫。
定　　價：450 元
發行日期：2019 年 02 月第一版
◎ 本書以 POD 印製發行